Richard Rohr
Der befreite Mann

RICHARD ROHR
Biblische Ermutigungen

DER BEFREITE MANN

Verlag
Katholisches
Bibelwerk

Die Originalausgabe erschien 2004 unter dem Titel
„Soul Brothers – Men in the Bible speak to Men today"

Alle Rechte vorbehalten
Copyright © 2004 by Richard Rohr
Published by Orbis Books, Maryknoll, NY 10545-0308, USA

ISBN 3-460-32109-1
www.bibelwerk.de
Alle Rechte für die deutschsprachige Ausgabe vorbehalten
© 2005 Verlag Katholisches Bibelwerk GmbH, Stuttgart
Für die Texte aus der Einheitsübersetzung der Heiligen Schrift
© Katholische Bibelanstalt, Sutttgart 1980
Übersetzung aus dem Englischen: Bettina Kimpel, Tübingen
Umschlaggestaltung: Absicht AG, Stuttgart
Druck und Bindung: Ludwig Auer GmbH, Donauwörth

Inhalt

Vorwort	7
Abraham – Der Vater des Glaubens	9
Mose – der Mann, der mit Gott verhandelt – und gewinnt	16
David – vom vergessenen Sohn zum berühmten König	21
Jesaja – ein Prophet, der Spannung(en) erzeugt	27
Johannes der Täufer – die erste notwendige Befreiung	33
Petrus – Er kam zu Gott, weil er Fehler machte	39
Paulus – ein Mann der Gegensätze	45
Timotheus – das Gemüt eines Anfängers	51
Der Evangelist Johannes – Der Schmerz und die Armut des Auserwähltseins	57
Elija – gerade gut genug, unsere Aufmerksamkeit zu erlangen	62
Josef – ein Mann mit Träumen	68
Jesus – der Menschensohn	73

Vorwort

„Ich hoffe, dass der Heilige Geist meine Worte nimmt, um in anderen Menschen denselben Mut und dasselbe Vertrauen zu entzünden wie bei mir." Von diesem Wunsch beseelt schreibt Richard Rohr dieses Buch. Er reißt uns dabei in seiner Begeisterung, die Botschaft Jesu immer wieder neu zu sagen, mit.

Richard Rohr sucht die Männer der Bibel auf, die wir seit Kindesbeinen an kennen und als Heilige der Heiligen Schrift verehren. Er dagegen findet weniger Heilige als vielmehr Menschen, mit allen Fehlern und zutiefst menschlichen Eigenschaften, wie wir sie alle auch heute noch kennen. In diesen biblischen Männern können wir uns wieder finden: Es sind unsere eigenen positiven und auch negativen Eigenschaften, die bereits in der Bibel durch Gott angenommen und in Gutes verwandelt worden sind. Durch die Augen Richard Rohrs können wir es wagen, in den Spiegel zu blicken. Er will uns damit nicht vor den Kopf stoßen, im Gegenteil, er will uns trösten, aber auch aufrütteln: Gott will uns nicht als „perfekte" Menschen! Er will uns so, wie wir sind! Wir sind das Rohmaterial, mit dessen Hilfe er seine Schöpfung erlösen will! Mit überraschenden Perspektiven und mit seiner erfrischenden Methode, die biblischen Texte auch zwischen den Zeilen zu lesen, versucht Richard Rohr uns aufs Neue die biblische Botschaft zu vermitteln. Lassen wir ihn selbst zu Wort kommen:

„Dieses Buch ist nicht nur für Männer gedacht und nicht nur für Christen. Ich hoffe, es wird jedem helfen, der sich in allzumenschlichen Anstrengungen wieder findet. Ich hoffe sehr, dass besonders Männer ihre Spiritualität bereichern können durch diese Männer in der Bibel, mit denen wir alle aufgewachsen sind, aber die wir uns selten als Vorbilder, denen wir nacheifern oder an die wir glauben könnten, zu Herzen genommen haben. Dieses Buch ist eine Einladung dazu, unsere Seele durch die ihren berühren zu lassen.

Ich möchte Dank sagen, an meine Bibellehrer, an diese wunderbaren/schrecklichen zwölf Männer und ganz besonders an dieses „ultimative Fließen", das „Heiliger Geist" genannt wird."

Abraham – Der Vater des Glaubens

„Nach diesen Ereignissen erging das Wort des Herrn in einer Vision an Abram: Fürchte dich nicht, Abram, ich bin dein Schild; dein Lohn wird sehr groß sein. Abram antwortete: Herr, mein Herr, was willst du mir schon geben? Ich gehe doch kinderlos dahin, und Erbe meines Hauses ist Eliëser aus Damaskus." ... „Er führte ihn hinaus und sprach: Sieh doch zum Himmel hinauf, und zähl die Sterne, wenn du sie zählen kannst. Und er sprach zu ihm: So zahlreich werden deine Nachkommen sein." ... „Bei Sonnenuntergang fiel auf Abram ein tiefer Schlaf; große, unheimliche Angst überfiel ihn." ... „Die Sonne war untergegangen, und es war dunkel geworden. Auf einmal waren ein rauchender Ofen und eine lodernde Fackel da; sie fuhren zwischen jenen Fleischstücken [des Opfers] hindurch. An diesem Tag schloss der Herr mit Abram folgenden Bund: Deinen Nachkommen gebe ich dieses Land..."

(Genesis 15,1-2.5.12.17-18)

Eine urzeitliche Geschichte. Ein urwüchsiger Mann. So urwüchsig, dass seine Geschichte zum Gründungsmythos aller drei monotheistischen Religionen wird – was wirklich erstaunlich ist, denn diese Geschichte hat nichts mit einem Heldenmythos im klassischen Sinn zu tun. Es gibt kein großes Abenteuer, keine Eroberung von Ländern, keine Kämpfe mit Monstern oder Räubern. Abraham macht überhaupt nichts Besonderes. Für den typischen männlichen Leser ist die Geschichte schnell überflogen und möglicherweise mehr als nur ein bisschen enttäuschend. Abrahams Ruhm besteht nicht darin, dass er etwas gibt oder Länder erobert oder Dinge erwirbt. Nein, sein Ruhm besteht darin, dass er etwas annimmt und nichts erwirbt. Er könnte möglicherweise Patriarch genannt werden, aber diese Geschichte ist ziemlich unpatriarchalisch. In der Tat ist dieser Patriarch sogar gewillt, den Mittelpunkt eines jeden Patriarchats zu töten – den Sohn, der alles erben würde. Was passiert hier? Warum kann diese Anti-Geschichte die religiöse Vorstellungskraft von Juden, Christen und Muslimen so sehr fesseln?

Betrachten wir einige Elemente der verschiedenen Berichte über Abraham im Buch Genesis. Ich habe gelernt, dass die Geschichte unserer Religion immer parallel zur Geschichte der Gewalt verlaufen ist. Wir brauchten immer einen Deckmantel, um unser Schuldgefühl wegen des Tötens loszuwerden, und Gott stellte sich als der beste Deckmantel überhaupt heraus. Töte im Namen Gottes und es ist in Ordnung. Dann kannst du hasserfüllt und egozentrisch bleiben, aber dich tatsächlich für gerettet und überlegen halten. Religionswissenschaftler sagen, dass auf jedem Kontinent Menschenopfer nachweisbar sind, wenn man in der Zeit nur weit genug zurückgeht. Die Maya warfen ihre jungfräulichen Töchter als Opfer in tiefe Quellen und in der Bibel wurden immer die ältesten Söhne geopfert, um den Kampfgeist der eigenen Mannschaft anzufeuern (vgl. 2 Könige 3,26-27 als perfektes Beispiel für die Macht von Blutopfern). Der Opfer- bzw. Heldeninstinkt liegt ziemlich tief in der menschlichen Psyche vergraben. Daher glauben wir, dass Gott durch verschiedenartige Formen freiwilligen Tötens überredet oder „gekauft" werden kann. Das kann einen durchaus zum Nachdenken darüber bringen, wie wir eigentlich von Gott denken. Der einzige Grund, warum die Geschichte von Abraham und Isaak überhaupt erzählt werden kann, ist der, dass Väter tatsächlich ihre Söhne töteten, um einen zornigen, abweisenden und angsteinflößenden Gott zu besänftigen. Außer vom Standpunkt der Mystik jeden Zeitalters aus gesehen war Gott die meiste Zeit in der Geschichte keine sehr sympathische Person.

Die Gewalt wanderte vom Menschenopfer zum Tieropfer weiter: „*Ein Widder hatte sich ... im Gestrüpp verfangen*" (Genesis 22,13). In der Bibel befinden wir uns genau an diesem Punkt der Entwicklungsgeschichte. Kulturanthropologen schätzen, dass fast neunzig Prozent des wirtschaftlichen Lebens der Stadt Jerusalem zur Zeit Jesu mit dem Kauf, dem Stallbau, der Fütterung, der Herdenhaltung und dem Schlachten von Opfertieren zu tun hatte und auch damit, die Kadaver wieder aus dem Tempel zu schleppen. Die Menschen glaubten, dass sie eine Art riesiger Schuld einem Gott „abbezahlten", der sie dauerhaft in einem Schuldnergefängnis festhielt. Tieropfer befriedigten dieses Bedürfnis nach der Devise: „Ich gebe dir dies, dann gibst du mir das." Dieser Händlerinstinkt ist Ausdruck einer dualistischen Denkweise und funktioniert so lange, bis diese Logik durch eine unverdiente Zuwendung gebrochen wird. Kein Wunder, dass Jesus so streng sagte: „*Darum lernt, was es heißt: Barmherzigkeit will ich, nicht Opfer*" (Matthäus 9,13). Und die Jahrhunderte scheinen ihm entgegnet zu haben: „Aber wir wollen Opfer und keine Barmherzigkeit!"

Ich nehme an, man könnte es als eine menschliche Fortentwicklung betrachten, denn spätere Jahrhunderte übertrugen die Idee des Opfers zumeist auf die Idee des heroischen Selbst: Wenn wir asketisch waren, enthaltsam, die Leidenschaften abtöteten und darmverstopft waren, galt dies als gottgefällig. Diese Haltung gab es in verschiedenen Ausformungen: als Stoizismus, Manichäismus, Jansenismus, Puritanismus, viktorianische Pflichterfüllung und Schwarz-Weiß-Moralismus jedweder Ausprägung. Es gab alles, nur nicht das Annehmen von Gottes offensichtlicher Liebe als freiem Geschenk. Mehr noch als die erotische Sprache der Braut und des Bräutigams, mehr noch als das Hochzeitsbankett mit reichlich Wein, mehr noch als die innigen Gottesbegegnungen der Mystiker gründet eine Religion auf Gemeinschaft statt auf Angst. „*Der Menschensohn ist gekommen, er isst und trinkt; darauf sagen sie: Dieser Fresser und Säufer, dieser Freund der Zöllner und Sünder*", sagt Jesus (Matthäus 11,19). Wie konnte die Christenheit nur so ganz anders als Jesus werden? Diese verstörende Frage drängt sich nach ein paar Jahren des Studiums des Neuen Testaments auf.

Nun, eine Antwort darauf könnte sein, dass wir Abraham vergessen haben, dessen Glaube ihn zu unserem Vater gemacht hat (Römer 4,1.17). Wie Paulus in aller Ausführlichkeit darlegt (im ganzen Kapitel 4 des Römerbriefs), war der Glaube Abrahams das glatte Gegenteil von jeder Art von Leistungsprinzip. Oder, wie es im Hebräerbrief ausgedrückt wird: „*Aufgrund des Glaubens gehorchte Abraham dem Ruf wegzuziehen in ein Land, das er zum Erbe erhalten sollte; und er zog weg, ohne zu wissen, wohin er kommen würde. ... (Er) wohnte ... in Zelten; denn er erwartete die Stadt mit den festen Grundmauern, die Gott selbst geplant und gebaut hat*" (Hebräer 11,8-10). Das ist allerdings eine grundlegend neue Vorstellung von Religion! Keine Lohnabrechnung von Sein und Haben der Seele! In dieser Religion heißt es in den „Zwischenräumen" des Lebens zu leben, gestärkt durch die Erfahrung mit nur einem Gott, und Warten im Vertrauen und in der Hoffnung auf einen Gott, der fern und fordernd zu sein scheint. Das ist ein erheblicher Unterschied zu einem „Wohlstandsevangelium" und zu einer „Gebet des Jabez-Religion" (1 Chronik 4,10), als die wir Religion heute verkaufen wollen. Seltsam genug, dass heute von niemandem mehr Opfer verlangt werden – ausgenommen vielleicht von den unterentwickelten Ländern, die unseren „Luxus"-Glauben, unsere Ölkriege und unsere Anmaßung subventionieren müssen.

Seit Abraham gab es unzählige geschichtliche Ping-pong-Spiele von einem Extrem ins andere, einerseits moralisches Asketentum, andererseits religiöser Imperialismus. Beide Haltungen sind zugleich eine Ablehnung, der Güte und Treue Gottes zu vertrauen; wir versuchen stattdessen, unserer eigenen Güte und Treue zu vertrauen. Beide Extreme vermeiden und fürchten die „Angst", die „Dunkelheit" und den „Sonnenuntergang", Dinge, die die Genesis ausdrücklich benennt und die ein Potential für Veränderungen in sich bergen. Abraham ist kein Mann, der sich vor der Hölle fürchtet, wie so viele moderne Christen – er ist ein Mann, der durch die Hölle gegangen ist. Diese Reisen „durch die Hölle" erlaubten es ihm, die Gaben und Versprechen von Gott in Freiheit und nach Bedarf anzunehmen. Wir wissen nicht, wo unsere wahre Kraftquelle ist, bis wir an den äußersten Grenzen unserer eigenen Möglichkeiten angekommen sind. Jahwe sagt Abraham nicht, er würde nicht auf Herz und Nieren geprüft und auf die Probe gestellt werden; Jahwe sagt Abraham lediglich: *„Fürchte dich nicht, Abram, ich bin dein Schild"* (Genesis 15,1). Das ist eine ganz andere Botschaft als Botschaften des „Aufstiegs" wie z.B.: „Ich werde dies mit Hilfe von Kraft, Anstrengung und guten Werken tun" oder: „Ich werde meine Religion dazu benutzen, andere zu beherrschen." Abrahams Religion dagegen ist reine Hingabe, Vertrauen und Loslassen – ein Weg des Abstiegs, nicht des Aufstiegs, ein Wegnehmen, kein Hinzufügen.

Nach Ken Wilber[1] hatte Religion immer zwei sehr wichtige Funktionen, die sich sehr voneinander unterscheiden. Den meisten

Menschen genügt jedoch die eine Funktion und sie übergehen die andere stillschweigend. Die erste Funktion von Religion ist die, dass sie dem einzelnen Individuum Sinn, Grenzen und Identität schenkt. Das ist gut und notwendig, um einen religiösen Weg beginnen zu können. Denselben Zugang zu Religion sehen wir in großen Teilen von Levitikus, Numeri und Deuteronomium. Dies ist der wichtige erste Schritt zu wissen, dass man auserwählt und etwas Besonderes ist und sich von den anderen unterscheidet. Psychologisch gesehen muss man zuerst ein Ego haben, bevor man es wieder loslassen kann. Jahwe befriedigt dieses menschliche Bedürfnis nach einem „narzisstischen Fixpunkt", indem er Abraham zu verstehen gibt, dass seine Nachkommen so zahlreich würden wie die Sterne des Himmels und wie der Sand am Meer. *„Ich werde dich segnen und deinen Namen groß machen. Ein Segen sollst du sein"* (Genesis 12,2). Zuerst erhöht uns Gott, so dass wir mit der späteren notwendigen Erniedrigung umgehen können. Gott lässt uns wissen, dass wir ein geliebter Sohn oder eine geliebte Tochter sind, und dann gibt er uns die Freiheit, dies in einer bewussten Entscheidung zu glauben. Dieser Vorgang wird immer durch irgendeine Art von Angst einflößenden Geschehnissen, von Dunkelheit oder von Sonnenuntergängen begleitet.

Die zweite Funktion von Religion – nach Ansicht von Ken Wilber – ist das wahre Ziel, die zweite Hälfte der wohl allen Menschen aufgetragenen Lebensaufgabe. Er behauptet, dass dieses Ziel im Allgemeinen nur von einer kleinen Minderheit in jeder Religion oder Konfession gelebt wird. Der Weg zu diesem Lebensziel ist – wie Jesus es ausdrückt – *„schmal, und nur wenige finden ihn"* (Matthäus 7,14), er ist Jesu Weg des Abstiegs, das bewusste auf uns Nehmen unseres Kreuzes und das Solidarisieren mit ihm und der gesamten Menschheit. Hierbei ist die Aufgabe nicht die Bestätigung des Egos, sondern das Ausliefern des Egos, nicht Selbst-Kontrolle, sondern Aufgabe der Selbst-Kontrolle, nicht schmeichelhafte Besonderheit, sondern erniedrigende Gemeinsamkeit. Es geht nicht ums Gewinnen, sondern ums Verlieren, nicht um „ich bin gut", sondern um „Gott ist gut" – nicht um Opfer, sondern um Gnade. Das ist die ganze Reise Abrahams und sie wird immer eine untergeordnete religiöse Lebensform sein, niemals eine Staatsreligion. Die monotheistischen Religionen hatten Recht in ihrer Einsicht in die archetypische Natur Abrahams. Aber als sie versuchten, daraus eine Massenproduktion zu machen, wurde es wichtiger, ein Angehöriger einer Gruppierung zu sein, als an einer wahren Reise zur eigenen Veränderung teilzunehmen.

Wir sehen Abrahams Veränderung am schönsten in den letzten Phasen seiner Geschichte, als er und Sara „in die Jahre gekommen" waren. Zuerst sehen wir, dass er zum Inbegriff der Gastfreundschaft geworden ist: Als die drei Fremden in der Hitze des Tages in Mamre auftauchten, „*lief er ihnen vom Zelteingang aus entgegen, warf sich zur Erde nieder*" (Genesis 18,2) und bediente sie – mehr wie eine Hausfrau denn wie ein Patriarch, so scheint es zumindest. Er führt und begleitet sie danach wie ein unterwürfiger Diener auf ihrer Mission nach Sodom und entdeckt erst dort, dass zwei von ihnen Engel sind und der dritte tatsächlich Jahwe selbst in Verkleidung. Diese Stelle wird zum Schlüsseltext für diese immer wieder überraschende Entdeckung, ahnungslos Engel bewirtet zu haben, eine Erfahrung, die eigentlich die Geschichte unseres Lebens ist.

Schließlich folgt die fast anstößige Geschichte, wie Abraham mit Jahwe verhandelt und feilscht, um ihn davon abzuhalten, Sodom zu zerstören. Die Bibel riskiert an dieser Stelle, dass Abraham möglicherweise gütiger und barmherziger erscheint als Gott selbst! Und mehr noch, Jahwe lässt sich von Abrahams abschließendem Vorschlag erweichen: „*Ich werde sie um der zehn willen nicht vernichten*" (Genesis 18,32). Dies ist der Beginn der sich entfaltenden und Überraschungen bergenden Thematik vom Übriggebliebenen, vom Salz der Erde und von der Hefe im Teig. Es scheint, dass Gott lediglich ein paar bereitwillige Partner braucht, die ihm bei der Erlösung der Welt zur Seite stehen sollen. Der Große Liebende braucht nur ein paar wenige bewusst Liebende, die sich in einem umfassenden Ja zum Leben vereinen. Diese Ekstatischen, diese Wenigen, die sich darum bemühen die Einladung anzunehmen, scheinen zu genügen, um die Welt von ihrem Weg gegenseitiger und eigener Zerstörung abzubringen. Die sind die Söhne und Töchter Abrahams, die „*aus Steinen geschaffen*" sind (Matthäus 3,9) und nicht irgendeiner religiösen Abkunft oder Gruppierung entstammen. Alles, was Gott braucht, ist, wie es scheint, eine „kritische Masse" oder wie Jesus es ausdrückt: „*zwei oder drei, die in meinem Namen versammelt sind*" (Matthäus 18,20). Abraham diskutierte schließlich nicht deswegen mit Gott, weil er sich selbst für gut und barmherzig hielt. Er tat es, weil er gelernt hatte, dass Gott gut und barmherzig war. Ein solcher allumfassender Glaube wird uns immer vor der Notwendigkeit bewahren, Opfer einzuführen und Sündenböcke zu suchen. Abraham braucht nicht einmal den armen Widder, der sich im Gebüsch verfangen hatte. Er schaut nach vorne zum Leben, zu sandigen Meeresstränden und unzähligen Sternen.

Mose – der Mann, der mit Gott verhandelt – und gewinnt

„In ein Land, in dem Milch und Honig fließen, wirst du kommen. Ich selbst ziehe nicht in deiner Mitte hinauf, denn du bist ein störrisches Volk. Es könnte sonst geschehen, dass ich dich unterwegs vertilge." ... „Der Herr und Mose redeten miteinander Auge in Auge, wie Menschen miteinander reden. ... Mose sagte zum Herrn: Du sagst zwar zu mir: Führ dieses Volk hinauf! Du hast mich aber nicht wissen lassen, wen du mitschickst. Du hast doch gesagt: Ich kenne deinen Namen und habe dir meine Gnade geschenkt. Wenn ich aber wirklich deine Gnade gefunden habe, so lass mich doch deinen Weg wissen! Dann werde ich dich erkennen, und es wird sich bestätigen, dass ich deine Gnade gefunden habe. Sieh diese Leute an: Es ist doch dein Volk!" ..."Der Herr erwiderte Mose: Auch das, was du jetzt verlangt hast [dass Jahwe mit dem Volk mitziehen soll], will ich tun; denn du hast nun einmal meine Gnade gefunden, und ich kenne dich mit Namen."

(Exodus 33,3.11-13.17)

Man konnte Mose nicht direkt in die Augen schauen; sie waren durch seine Kopfbedeckung verborgen. Man kann nicht direkt in die Augen eines Menschen blicken, der Gott gesehen hat, und dann wieder in der normalen Welt leben. Das restliche Leben des Mose über „*strahlte die Haut seines Gesichtes Licht aus, und sie fürchteten sich, in seine Nähe zu kommen*" (Exodus 34,30); und so legte er einen Schleier über sein Gesicht, den er nur ablegte, wenn er mit Gott sprach. Die meisten seines halsstarrigen Volkes waren nicht bereit für die inneren Erfahrungen des Mose und sie bekämpften ihn unaufhörlich, auf jedem Schritt der Reise (siehe Exodus 14,11-12). Dennoch hörte er nie auf, ihr Anführer zu sein. Das ist die Spannung und die Dynamik des gesamten Lebens von Mose. Er war zugleich ein Hirte, ein Prophet und ein wahrer Priester, was sehr selten ist. Er hielt nicht nur das Volk zusammen wie ein Hirte, sondern führte sie auch wie ein Prophet aus ihren allzu bequemen Rückzugsnischen heraus, und als Priester formte er die innere Verbindung und die seelischen Veränderungen, die das Volk immer Auge in Auge mit Gott hielten.

„*Das Auge gibt dem Körper Licht*", sagt Jesus zu Recht (Matthäus 6,22). Was man sieht, ist das Resultat dessen, wie man sieht. „*Wenn dein Auge gesund ist, dann wird dein ganzer Körper hell sein. Wenn aber dein Auge krank ist, dann wird dein ganzer Körper finster sein*" (Matthäus 6,22). Ich bin der Ansicht, dass wir die gesamte Entwicklung des Mose in Begriffe fassen können, die beschreiben, wie er das Sehen lernt. Dieses Lernen begann mit dem Schauen von Gottes wahrer Natur (Exodus 33,18) und dem Wagnis, Gott „Auge in Auge" gegenüberzustehen (Exodus 33,11). Das hatte zur Folge, dass andere Menschen Mose nicht mehr ins Gesicht schauen konnten, denn, wie Paulus sagt, „*wir alle spiegeln mit enthülltem Angesicht die Herrlichkeit des Herrn wider und werden so in sein eigenes Bild verwandelt, von Herrlichkeit zu Herrlichkeit, durch den Geist des Herrn*" (2 Korinther 3,18). Sowohl Mose als auch Paulus wurden zu dem, was sie liebten, was natürlich für uns alle ebenso gilt.

Menschen wachsen an der Gegenwart derer, die sie respektieren. Sie wachsen sogar *für* diejenigen, die sie respektieren. So bedeutet das aus dem Lateinischen stammende Wort „Respekt" ursprünglich „wieder oder erneut schauen". Es ist sehr schwierig, direkt oder längere Zeit in die Augen eines Menschen zu schauen, und es ist fast unmöglich, in die Augen einer Person zu schauen, über die man sich ärgert oder von der man entfremdet ist. Aber wenn wir es wagen können, wieder zu schauen und wieder, wenn wir es riskieren können, wieder und wieder angeschaut zu werden, dann tut das Licht des Körpers seine Arbeit und unser ganzer Körper ist mit Licht erfüllt.

Kein Wunder dachte das Volk, dass Mose „Hörner" hatte, die aus seinem Gesicht sprossen. Zeitgenössische Studien und hitzeempfindliche Fotografien vom Kopf-Brust-Bereich beweisen, dass in der Tat eine Aura oder ein Halo existiert, der von wahrhaft liebenden und gottesfürchtigen Menschen ausgeht. Das intuitive Wissen der Religion ist immer wahr.

Dieselbe hitzeempfindliche Fotografie kann zeigen, dass hasserfüllte und negativ denkende Menschen nicht nur keine Aura um sich herum haben, sondern sogar von anderen Menschen Energie absaugen. Genau das ist es, was das Volk Israel mit Mose und auch mit Jesus gemacht hat, und das ist der Grund, weswegen beide sich immer wieder zurückgezogen haben, um sich mit der reinen Quelle des Lichts zu vereinen. „*Lass mich doch deine Herrlichkeit sehen!*", sagte Mose, als er in der Felsspalte stand und Gott bat, dass er an ihm vorüber ziehen solle (Exodus 33,18-23). Hier kann Mose noch nicht das Angesicht Gottes sehen, aber in dieser eindrücklichen Bibelstelle ist sogar „der Rücken" Gottes genug, um ihn zu erleuchten, Gott selbst ist zu viel für ihn.

Ich gehe davon aus, dass Mose und Gott einander „respektierten". Sie schauten viele Male „hin und zurück" und vermieden den Blick nie lange Zeit – immer nur dann, wenn Entfremdung und Misstrauen sich dazwischendrängten. Aber wie immer übernahm Gott die Initiative bei diesem respektvollen Verhältnis mit Mose. Er lud diesen flüchtigen Mörder (Exodus 2,12-15) in eine erstaunliche intime Einzelbeziehung mit ihm selbst ein. Das ist eine Erfahrung, die folgendermaßen beschrieben wird: „*Da brannte der Dornbusch und verbrannte doch nicht*" (Exodus 3,2). Mose ist gefangen zwischen der Möglichkeit, direkt darauf zuzugehen und der Möglichkeit, nicht näher zu gehen und die Schuhe auszuziehen – das klassische *mysterium tremendum*. Den Mystikern, von Mose bis zu Bonaventura, Philip Neri und Pascal, ist gemeinsam, dass sie die Gotteserfahrung als Feuer oder als Ofen oder als reines Licht beschreiben. Aber bei dieser frühen Erfahrung „*verhüllte Mose sein Gesicht; denn er fürchtete sich, Gott anzuschauen*" (Exodus 3,6). Es musste ihm erst langsam beigebracht werden, wie er zu Gott „zurückschauen", d.h. ihn respektieren sollte. In der Zwischenzeit lebte er wie wir alle, mit seiner Schmach.

Gott kann Mose nur langsam von seinem Respekt überzeugen – einen Respekt, den Mose „Gnade" (Exodus 33,12) nennt –, aber dies geht nicht ohne ernstliche Einwände seitens des Mose ab. Es ist ein langer Kampf, aber wie wir wissen, gewinnt Gott bei Auseinandersetzungen mit Menschen immer. Fast unmittelbar nach der Erfahrung mit dem brennenden Busch bekommt Mose den politischen Auftrag, den Pharao von Ägypten aufzusuchen und von ihm zu verlangen, die Unterdrückung der versklavten Israeliten zu beenden. Das ist der grundlegende Text, um die wesentliche Verbindung zwischen Spiritualität und sozialem Engagement, zwischen Gebet und Politik, zwischen Kontemplation und Aktion zu verdeutlichen. Er steht genau am Anfang der jüdisch-christlichen Tradition; diese Verbindung wird ständig vergessen oder bestritten und die Aufgabe der Propheten und auch von Jesus ist es, diese wesentliche Verbindung neu herzustellen. Mose versteht Spiritualität und soziales Engagement von Anfang an als Einheit.

Als Antwort auf Jahwe findet Mose schnell fünf Einwände: 1. „Wer bin ich?", 2. „Wer bist du?", 3. „Was aber, wenn sie mir nicht glauben?", 4. „Mein Mund und meine Zunge sind schwerfällig", und 5. „Aber bitte, Herr, schick doch einen andern!" (Exodus 3,13- 4,13). Wenn ich nicht wüsste, dass dies *der* klassische Bibeltext ist, würde ich annehmen, er wäre eine Karikatur eines Bibeltextes. Auf jeden Fall öffnet sich Gott im Dialog, er antwortet Mose respektvoll und sogar vertraulich, indem er einfach nur das Versprechen seiner persönlichen Anwesenheit gibt und eine die Menschen immer stärkende Ahnung dessen, wer Gott ist – ein Er-Selbst-Sein, die Existenz selbst, ein namenloser Gott jenseits aller Namen, ein formloser Gott, der allen Formen vorausgeht, ein befreiender Gott, der selbst bis aufs äußerste frei ist. Gott besteht auf Gottes elementarer Freiheit von menschlichen Versuchen, Gott in Vorstellungen und Worte zu fassen, indem er sagt: „Ich bin *der Ich-bin-da*" (Exodus 3,14). Wir werden sehen, dass sich Mose langsam diese gewagte Freiheit „einverleibt".

Damit Mose dies lernen kann, muss ihm Jahwe eine besondere Aufgabe übertragen: Freiheit *für* Menschen zu schaffen, die sie nicht unbedingt wollen, und Freiheit *von* einem Unterdrücker, der denkt, dass er alles unter Kontrolle habe. Erst bei den Bemühungen um äußere Freiheit, Frieden und Gerechtigkeit in der Welt entdecken wir eine sogar noch tiefer gehende innere Freiheit, die Freiheit, trotz der Erfahrung von so viel Tod zu überleben. Die meisten Menschen werden zynisch und böse und ziehen sich im Lauf der Zeit auf verschiedene ideologische Theorien zurück. Oder sie kehren dem Ganzen einfach den Rücken und ziehen sich auf eine nachsichtige, liberale Weltsicht zurück – das wiederum geschah bei sehr vielen meiner eigenen Generation der sechziger Jahre. Wir sehen hier wieder die untrennbare Verbindung zwischen Aktion und Kontemplation, den Dialog zwischen der äußeren und der inneren Reise. Mose ist ein fast perfektes Beispiel dafür.

Mose blieb bei den starrköpfigen Israeliten, bis einige von ihnen schließlich den Jordan überquerten. Mose starb und wurde auf der Ostseite des Flusses begraben, aber: *„Sein Auge war noch nicht getrübt, seine Frische war noch nicht geschwunden"* (Deuteronomium 34,7). Es ist natürlich für Mose völlig unnötig, den Jordan zu überqueren oder noch weiter „in die Realität hinabzusteigen" (Jordan bedeutet „Abstieg"). Das versprochene Land ist kein konkretes Stück Land, sondern eine innere Heimat, die unsere äußere Welt gestaltet. Jahwes letzte Worte zu Mose waren: *„Dort auf dem Berg, den du ersteigst, sollst du sterben"* (Deuteronomium 32,50). Das tun wir alle, auf die eine oder andere Weise.

Von diesem Zeitpunkt an sind die bevorzugten Metaphern der jüdischen Propheten für die spirituelle Reise nicht die des Gesetzessystems, sondern die der ehelichen Verbundenheit: Braut und Bräutigam, Treue und Vermählung. Sünde wird auch mit Begriffen wie Prostitution und Ehebruch beschrieben. Nur die sexuelle Metaphorik ist stark genug, diese gegenseitige Anziehung und den wechselseitigen Blick vor und zurück – den „Respekt" – auszudrücken. In dem schönen Lied des Mose am Ende des Deuteronomiums präsentiert Mose Jahwe als einen wahrhaft „eifersüchtigen" Liebhaber und sich selbst als einen, der von Gottes Hingabe durchdrungen ist: *„Liegt dies nicht bei mir verborgen, in meinen Vorratskammern versiegelt?"* (Deuteronomium 32,34). Die beiden Blickrichtungen sind zu einer Liebe geworden. Dies geschieht immer am Ende aller wahren Liebesbeziehungen. Der gegenseitige „Respekt" der Liebenden wird in etwas versiegelt, was bald darauf zu der kostbaren Sprache des Bundes wird. Und: *„Niemals wieder ist in Israel ein Prophet wie Mose aufgetreten. Ihn hat der Herr Auge in Auge berufen"* (Deuteronomium 34,10).

David – vom vergessenen Sohn zum berühmten König

„Und er fragte Isai: Sind das alle deine Söhne? Er antwortete: Der jüngste fehlt noch, aber der hütet gerade die Schafe. Samuel sagte zu Isai: Schick jemand hin, und lass ihn holen; wir wollen uns nicht zum Mahl hinsetzen, bevor er hergekommen ist. Isai schickte also jemand hin und ließ ihn kommen. David war blond, hatte schöne Augen und eine schöne Gestalt. Da sagte der Herr: Auf, salbe ihn! Denn er ist es."

(1 Samuel 16,11-12)

Nun, in dieser Geschichte ist alles da! Die ganze biblische Tradition von freien Wahlen, die Wahl des „Geringsten"; Charisma zählt mehr als Pflichterfüllung, es werden keinerlei Verdienste verlangt, es gibt keine Theophanie, keinen Gottesdienst, die Ausbildung erfolgt offensichtlich erst nach der Ernennung – und wir sollen einen solchen Gott ernst nehmen! Und außerdem sollen wir diesen jungen Anfänger ernst nehmen! Das tun wir allerdings erst allmählich. Wir beobachten ihn, wie er vor unseren Augen ein Mann und ein König wird.

Der gute alte Isai aus Betlehem hat einfach alle seine sieben Söhne dem Propheten Samuel vorgeführt, fast so, wie Aschenputtels Schwestern den verlorenen Schuh anprobieren. Eine Geschichte wie die von Aschenputtel könnte tatsächlich in einer Kultur entstanden sein, die auf Bildern wie diesen gründete. Aber in dieser primitiven Geschichte ist David das Aschenputtel und macht sich fertig, um auf den Ball zu gehen. So beginnt die Legende und erschafft so den ultimativen jüdischen „ganzen Menschen". Und das in einem Ausmaß, dass sogar die Herkunft Jesu, des christlichen „ganzen Menschen", als erstes mit dem Satz: *„aus dem Haus des David"* beschrieben wird (Lukas 1,27). David begann, ganz wie das ultimative amerikanische Ideal, ganz unten und schaffte es bis ganz oben. Er war kein Mann, der zum König geboren wurde, er wurde langsam daran herangeführt, ein König zu sein. Wir wollen nun versuchen, seine Entwicklung zum Mann und zum König schrittweise nachzuvollziehen.

Ich möchte an dieser Stelle auf ein Buch von Robert Moore und Douglas Gillette eingehen.[2] Ich glaube, dass die beiden sowohl der Mythologie als auch der Heiligen Schrift einen großen Gefallen getan haben, indem sie auf die vier Rollen hingewiesen haben, die in fast allen männlichen Geschichten und Legenden wiederkehren: die Rollen des Königs, des Kriegers, des Magiers bzw. des weisen Mannes und des Liebhabers. Diese vier Rollen springen nirgendwo deutlicher ins Auge als bei der biblischen Darstellung der Rolle(n) Davids.

David kommt durch schicksalhafte bzw. göttliche Fügung an den königlichen Hof, als der arme König Saul von einem bösen Geist gequält wird und nach jemandem sucht, der für ihn heilsame Musik machen kann (1 Samuel 16,17). Saul ähnelt hierbei fast dem verwundeten Fischerkönig Amfortas aus der Parsifal-Sage. Ein Soldat beschreibt Saul einen Hirtenjungen aus Betlehem (achten Sie darauf, auf welche Weise alle erwähnten vier Teile der männlichen Seele bereits in dem einen Vers auftauchen, mit dem David beschrieben wird): Er versteht es, *„Zither zu spielen ..."* (der Liebhaber), ist *„tapfer und ein guter Krieger"* (der Krieger), er ist *„wortgewandt"* (der Magier bzw. weise Mann) und *„der Herr ist mit ihm"* (der gesalbte König) (1 Samuel 16,18). Das klingt fast wie ein einschmeichelnder Text für eine Kontaktanzeige. Ein großer Teil der übrigen Davidsgeschichte betrifft dann dessen Kampf mit der Schattenseite eines jeden Aspektes seiner Persönlichkeit, genau genommen also die Reise zu Ganzheit und Rechtschaffenheit. David ist das Paradebeispiel eines Menschen, ein Junge, der zum König bestimmt ist (was wir übrigens alle sind).

Wir kennen alle den „Archetyp des Liebhabers" bei David, weil dies der Teil der Geschichte ist, der sich für Filme und für ein denkwürdiges Lesevergnügen besonders gut eignet. Offensichtlich spielt er die Zither gut; es werden ihm tatsächlich zweiundachtzig der hundertfünfzig Psalmen zugeschrieben; er tanzt unanständig und ekstatisch vor der Bundeslade und schockiert oder erfreut die Mädchen (2 Samuel 6,14-23); *„David und das ganze Haus Israel tanzten und sangen vor dem Herrn mit ganzer Hingabe und spielten auf Zithern, Harfen und Pauken, mit Rasseln und Zimbeln"* (2 Samuel 6,5); er komponiert eine bewegende Totenklage auf Saul und Jonatan. Den einen müsste er aus gutem Grund hassen, den anderen scheint er auf eine fast homoerotische Weise zu lieben (2 Samuel 1,17-27); er fließt über vor Tränen beim Tod seines Sohnes Abschalom und ebenso beim Tod von Batsebas Kind (2 Samuel 19,1-5; 12,16-23); er hat großes Mitgefühl für Merib-Baal, den gelähmten Sohn des Jonatan und lässt ihn für immer an seinem Tisch essen (2 Samuel 9,1-13); und schließlich kennen wir alle seine leidenschaftliche Begegnung mit Batseba, die fast sein Untergang geworden wäre – nicht wegen des Ehebruchs, sondern wegen seines verbrecherischen Versuchs, diesen zu verheimlichen, indem er Batsebas Ehemann Uria töten ließ (2 Samuel 11-12). David hat viele Frauen und jede Menge Kinder.

Jede dieser Geschichten ist so unwiderstehlich und erscheint heute noch so lebendig, dass ich sagen würde, dass Davids vorrangiger Archetyp ganz klar der des Liebhabers ist. Er will alles vollständig auskosten. Er lebt sein Leben zu zweihundert Prozent, was sowohl seine Gabe als auch fast sein Untergang ist. Es ist unzweifelhaft sein Kampf mit seinem immer latent vorhandenen sexuellen Begehren, der ihn schließlich zum Bewusstsein seiner selbst, zur Demut und zur Hingabe führt. Wie es immer ist, ist seine Gabe auch seine Sünde und seine Sünde wird zu seiner Gabe.

David ist auch klar der „Archetyp des Kriegers". Er beginnt als Sauls Waffenträger, aber übertrifft ihn bald in der Schlacht, so dass die Frauen singen: „*Saul hat Tausend erschlagen, David aber Zehntausend*" (1 Samuel 18,7). David ist in der Lage, Sauls zahlreichen Versuchen, ihn zu töten, zu entkommen und er kehrt Sauls verfehlte Versuche ihn mit dem Speer aufzuspießen um, indem er dem schlafenden Saul den Speer wegnimmt – aber er lehnt es ab, den „Gesalbten des Herrn" zu töten, aus Respekt vor dessen „unantastbarem" Königtum (1 Samuel 26, 11-12). Die Geschichte, wie David den Philister Goliath heroisch mit seiner Schleuder tötet (1 Samuel 17), ist der Stoff, aus dem die Träume eines jeden Jungen sind, aber sie zeigt auch die jüdische Bewunderung für den „kleinen Kerl", der gewinnt. Im Allgemeinen zeigen Davids Eigenschaften, sein Fasten, seine harten Feldzüge an Schauplätzen wie z.B. der Wüste, seine Selbstdisziplin, seine Fähigkeit, sich dem König zu beugen und zuzugeben, wenn er im Unrecht ist, die Tugenden des Kriegers. Er kennt Grenzen, aber er bekämpft sie, sogar unter großen eigenen Opfern. Er ist wirklich ein klassischer Krieger, sogar mit ersten Anzeichen von Gewaltlosigkeit, wenn er z.B. wie in der Geschichte mit dem schlafenden Saul Gewalt ausüben könnte, es aber nicht tut. Die Anfänge des „guten Kriegers" liegen in David begründet.

Dieser David ist schließlich vierzig Jahre lang König. Robert Moore behauptet, dass man den Archetyp des Königs nicht erreichen kann, bevor man fünfzig ist. Möglicherweise erklärt das Davids frühere Fehler und die Frage, warum es so lange gedauert hat, bis er alle Teile seiner selbst zusammengefügt hatte. (Das ist ehrliche Hagiographie, im Gegensatz zu den keimfreien Lebensläufen der Heiligen, die die Katholiken sonst bevorzugen!) Der „König" in uns hält alle anderen Teile von uns in Ehren, bringt sie zusammen und ordnet sie, um eine ausbalancierte Ganzheit zu schaffen: Der Liebhaber, der Krieger und der Magier bzw. der weise Mann bewegen sich dann aufeinander und auf den König zu. Das ist der Grund, weswegen es so lange dauert, ein guter König und ein „Groß"-Vater zu werden. Wir müssen geliebt haben, gescheitert sein, gesündigt haben und es muss uns oft verziehen worden sein, damit wir das Mysterium des Lebens verstehen können. Wir müssen die Macht auf sehr geläuterte Art verstehen und auch die verschiedenen Formen, die sie in jedem Teil von uns annimmt. „Macht ist nicht schlecht", sagt der König. Sie muss nur gezähmt und in das allgemeine Wohl integriert werden. Wenn wir überhaupt Macht brauchen, dann mehr von genau dieser Art Macht.

David wurde in dem Moment psychologisch und spirituell zum König von Israel, als er das Königtum Sauls sowohl respektierte als auch schützte, obwohl Saul immer wieder versuchte, ihn zu töten. Der „König" ist der Teil von uns, der sich seiner Macht so sicher ist, dass er sie nicht einmal mehr ausüben muss. Dieser Teil kann seine Feinde lieben und ihnen vergeben, wie wir es bei Jesus sehen, dem „König der Könige". Davids unbezweifelte Beziehung zu Gott macht ihn ebenso zu einem „gesalbten König", der Himmel und

Erde zusammenhält. Der Vers 2 Samuel 8,15 bringt dies auf den Punkt: „*David war König von ganz Israel und sorgte für Recht und Gerechtigkeit in seinem ganzen Volk.*" Der König kann alle Gebiete des Reiches in einem sicheren und angenehmen Königssitz zusammenhalten, weil er zuallererst sein Reich in sich selbst in den Griff bekommen hat. Wenn der Kopf gesund ist, blüht das ganze Königreich. Und wenn der Fisch verrottet, fängt es beim Kopf an.

Aber wo ist der Magier bzw. der weise Mann? Um ehrlich zu sein, er ist bei David weniger erkennbar als die anderen drei Archetypen. Es gibt immer einen Teil in uns, den wir ablehnen und nicht ganz zu schätzen wissen oder zu dem wir keinen richtigen Zugang haben. Falls und wenn wir können, sind wir ganz und sind im Besitz der fruchtbaren Energie eines König-Großvaters. So wie ich es sehe, symbolisieren die Propheten Samuel und Natan den fehlenden Teil von David. Immer wenn er ihre Worte annimmt, ihre Salbungen, ihre Warnungen und ihre Strafen, dann hat er Zugang zum ganzen „Reich" seiner Seele. Er ist „real", was nicht zufällig – zumindest auf spanisch – auch „königlich" bedeuten kann. In einer eher unbekannten Bibelpassage wird erzählt, dass David mit Samuel im „Prophetenhaus" in Rama lebte (1 Samuel 19,18-24). Die Atmosphäre in diesem „Prophetenhaus" wirkt fast schamanisch und ekstatisch. Als er das Haus verlässt, rennt er geradewegs zu seinem besten Freund Jonatan, mit einer neuen Erkenntnis, die er – was über die Wirkung dieses Aufenthaltes in Rama so einiges erahnen lässt – vermutlich von dort mitbringt: „*Was habe ich denn getan? Was ist meine Schuld? Was habe ich gegen deinen Vater verbrochen?*" (1 Samuel 20,1). So besteht, wie hier angedeutet, die genau definierte Rolle des Magiers immer darin, dass er uns mit unserer Größe, aber auch mit unserer dunklen Seite konfrontiert. Wenn der weise Mann oder der Prophet in einer Geschichte fehlt, ist immer die Schattenseite der Dinge außer Kontrolle, wie heutzutage oft, z.B. in Amerika, wo wir wahre Weisheit oder Wahrheit nicht zu schätzen wissen. Es ist vermutlich nicht falsch, wenn ich sage, dass der weise Mann heute der „fehlende Quadrant" in der heutigen amerikanischen Psyche ist (was bedeutet, dass auch der König fehlt).

Zwei Propheten vermitteln David die wesentlichen Botschaften zu Anfang und gegen Ende seines Lebens: Jahwe sagt durch Samuel: „Er ist es" (1 Samuel 16,12), und durch Natan: „*Du selbst bist der Mann*" (2 Samuel 12,7). Sie haben beide Recht. Er ist es.

Jesaja – ein Prophet,
der Spannung(en) erzeugt

„Da sagte er: Geh und sag diesem Volk: Hören sollt ihr, hören, aber nicht verstehen. Sehen sollt ihr, sehen, aber nicht erkennen. Verhärte das Herz dieses Volkes, verstopf ihm die Ohren, verkleb ihm die Augen, damit es mit seinen Augen nicht sieht und mit seinen Ohren nicht hört, damit sein Herz nicht zur Einsicht kommt und sich nicht bekehrt und nicht geheilt wird. Ich fragte: Wie lange, Herr? Er antwortete: Bis die Städte verödet sind und unbewohnt, die Häuser menschenleer, bis das Ackerland zur Wüste geworden ist. Der Herr wird die Menschen weit weg treiben; dann ist das Land leer und verlassen. Bleibt darin noch ein Zehntel übrig – auch sie werden schließlich vernichtet, wie bei einer Eiche oder Terebinthe, von der nur der Stumpf bleibt, wenn man sie fällt. [Ihr Stumpf ist heiliger Same.]" (Jesaja 6,9-13)

Die meisten BibelwissenschaftlerInnen sind der übereinstimmenden Meinung, dass mindestens drei verschiedene Verfasser aus drei unterschiedlichen historischen Perioden das Werk geschrieben haben, das wir als Buch Jesaja kennen. Wir werden uns auf den Jerusalemer Prophet des achten Jahrhunderts v. Chr. berufen, der als erster dem Namen Jesaja Ruhm verliehen hat (Protojesaja, ab Jesaja 1). Spätere Propheten setzten seinen Namen unter ihr Werk, um sicherzugehen, dass sie ernst genommen würden. Wir werden den „ersten" Jesaja um seiner selbst willen ernst nehmen. Er war nicht einfach die Quintessenz des jüdischen Propheten; er war sowohl ein sozialer als auch ein religiöser Kritiker, ein Mann seiner Zeit, ein beredter Schriftsteller und Poet, ein Lehrer von etwas, was wir heute „gewaltlosen Widerstand" nennen würden, und ein Mann, dessen Glaube ihn dazu berechtigte, andere zum Glauben aufzufordern. Er wird manchmal einfach „Prophet des Glaubens" genannt und sein Werk kann fast als Definition des Begriffs „Glauben" betrachtet werden. Wie alle großen religiösen Figuren kann Jesaja am besten über die Art und Weise seiner ersten Gottesbegegnung verstanden werden. Auf welche Weise wir zum ersten Mal „durchbrechen" oder wie Gott zum ersten Mal zu uns durchdringt, scheint nicht nur eine Person unauslöschlich zu prägen; diese Erfahrung legt auch fest, was ein Mensch für den Rest seines Lebens als wichtig erachtet. Jesajas ursprüngliche „Theophanie" wird zu einer Prägung, die seine Augen niemals verlässt: Gott ist transzendente Schönheit und wir sind wie „Staub auf seiner Waagschale" (vgl. Jesaja 40,12). Dieses absolute Zentrum seiner Erfahrung erlaubt es ihm, alle vergänglichen Dinge infrage zu stellen: die Liturgie, die Priesterschaft, die Könige seines Landes und anderer Länder, politische Allianzen, die nationale Sicherheit, die Reichen und Mächtigen und die soziale Ungerechtigkeit im Allgemeinen. Der mit Rauch gefüllte Tempel bei seiner Vision (Jesaja 6,1-13) wird zu seiner eigenen „Wolke des Nichtwissens", die ihn zu einem heiligen Skeptizismus führt, der alles betrifft, nur nicht den „Heiligen Einen Israels".

Wenn Gott allein heilig ist, dann sind wir es nicht. Wenn Gott allein würdig ist, warum versuchen wir dann immer noch, unseren eigenen Wert durch Schuld- und Reinheitsgesetze (die Forderungen des Tempels, um rituelle Reinheit zu erlangen) beweisen zu wollen? *„Ich bin ein Mann mit unreinen Lippen und lebe mitten in einem Volk mit unreinen Lippen"*, sagt Jesaja (Jesaja 6,5). Noch kann er es riskieren zu sagen: *„Hier bin ich, sende mich!"* (Jesaja 6,8). Heiligkeit ist für Jesaja kein moralisches Konzept oder rituelle Reinheit. Sie ist etwas, was er nur im Vergleich und im Kontrast zur Ganzheit Gottes erkennen kann. Wenn man Gott nicht kennt, weiß man nicht, was Sünde ist. Gott ist dasselbe wie Heiligkeit, was auch immer Gott sonst noch ist. Heiligkeit schließt Gerechtigkeit, Ehrlichkeit, Mitgefühl und Erbarmen mit ein, aber sie ist weit größer als die Summe all dieser Teile. Einer der Gründe, warum Religion so schwierig und gesetzesabhängig wird, ist vielleicht, dass sie normalerweise versucht, Sünde lediglich als abstrakte Vorstellung zu definieren, weit weg von einer authentischen Erfahrung Gottes. Jesaja tut dies niemals.

Aber dann erscheinen seine ersten Instruktionen, die wir oben gelesen haben, schlicht beunruhigend. Jahwe erscheint, um Jesaja zu sagen, dass seine Aufgabe darin besteht, das Problem erst zu erschaffen, d.h. das Volk verstockt zu machen. Jesaja ist verwirrt und fragt: *„Wie lange, Herr?"* (Jesaja 6,9-11). Aber die Antwort darauf ist noch rätselhafter und schwieriger. Jahwe sagt, dass das Volk mit Stumpf und Stiel ausgelöscht werden soll: „*Bleibt darin noch ein Zehntel übrig – auch sie werden schließlich vernichtet, wie bei einer Eiche oder Terebinthe, von der nur der Stumpf bleibt, wenn man sie fällt. [Ihr Stumpf ist heiliger Same]*" (Jesaja 6,12-13). Dieser Satz wird zu dem bleibenden Thema des „geläuterten Überrestes", der kleinen auserlesenen Gruppe, die Gott benötigt, um die Welt zu retten. Was hier bei Jesaja geschrieben steht, ist ganz anders als unsere individualistische Vorstellung von persönlicher Erlösung. Dieses Thema bleibt bei Jesaja zentral, wie auch bei fast jedem der folgenden Propheten; es zeigt sich bei Jesu Wahl der zweiundsiebzig, der zwölf und schließlich der drei, und auch bei Paulus findet es sich wieder. Jesajas Aufgabe ist sehr bescheiden und fast enttäuschend – kein Erschaffen eines religiösen Königreiches oder einer „Christenheit", sondern lediglich die Herausformung einer brauchbaren „Elitetruppe" für Gott.

Dieselbe Instruktion wird von Jesus zitiert, als er darlegt, warum er in Gleichnissen lehrt (Matthäus 13,14-15). Er tut dies, weil Gleichnisse eine wunderbare und sanfte Möglichkeit sind, allzu bequeme Vorurteile, Weltsichten und die Wichtigtuerei auf den Prüfstand zu stellen. Für ihn sind Gleichnisse zudem eine Möglichkeit, prophetisch zu sprechen. Jesaja scheint eine geradlinigere und „harte" Prüfung von Tempel und Gesellschaft vorzuziehen. Aber wir müssen den Text auch zwischen den Zeilen genau lesen – ich glaube nicht, dass er jemals erwartete, dass die Könige von Juda ihm zustimmen würden, als er ihnen sagte, sie sollten keine Allianzen mit Assyrien oder Ägypten eingehen, sondern auf Gott vertrauen; aber er *musste* es einfach sagen! Jesaja sah die Weltereignisse als Bühne, auf der die bleibende Wahrheit erfasst werden konnte, als Arena für menschliche Entwicklungsmöglichkeiten und als Arena für Gott: „*Von seiner Herrlichkeit ist die ganze Erde erfüllt*" (Jesaja 6,3).

Die Propheten sind voll und ganz auf Gottes Seite, wenn sie zu den Menschen sprechen, und voll und ganz auf der Seite der Menschen, wenn sie zu Gott sprechen. Sie sind die ultimativen Vermittler und sie scheinen sich selbst als diejenigen zu sehen, die „dazwischen" stehen. Die Propheten lehren die jüdische Version des buddhistischen „ersten Prinzips der Vergänglichkeit". Der Dalai Lama zum Beispiel akzeptiert, dass sein geliebtes Tibet wie alles andere auf der Welt aufsteigen und dann auch wieder verschwinden muss. Diese Haltung ist eine große Enttäuschung für diejenigen, die immer schreien: „Freiheit für Tibet!" Der Dalai Lama würde dennoch zustimmen, dass es auch Leute geben muss, die sich für die „Freiheit für Tibet!" einsetzen; seine Aufgabe ist es zu sagen: „Es ist in Ordnung". Das ist dieselbe – wenn auch äußerst aufgeklärte und sehr seltene – Haltung, wie sie auch die biblischen Propheten zeigen. Sie erzeugt eine Nerven zerreißende Spannung, die kaum ein Mensch aushalten kann, für die Geschichte wiederum hat sie großes kreatives Potential.

Jesaja, so scheint es, muss geradezu Unstimmigkeiten und Konflikte hervorrufen, um die Seele des Volkes zu bewahren. Er kümmert sich letztendlich nicht um die Politik, weil sowieso alles vergänglich ist. Er will historische Ereignisse als Katalysatoren für die Bewusstseinsveränderung der Menschen einsetzen, und um dies tun zu können, muss er darauf hinweisen, dass das „Herz dieses Volkes verhärtet und seine Ohren verstopft" sind. Er muss für die Menschen moralische Dilemmas schaffen, um sie in ihrer Verwirrung zu fassen zu bekommen, so dass sie ihrem Schatten entgegentreten können, sich zu ihren Vorurteilen bekennen und möglicherweise so zu Bewusstsein kommen. Jahwe ist für Jesaja „*Heiligtum ..., der Stein, an dem man anstößt, der Felsen, an dem man zu Fall kommt, eine Schlinge und Falle ...*" (Jesaja 8,14), sowohl für das Herz als auch für die Seele. Ich verstehe dies nur, weil ich es hin und wieder bei Einkehrtagen und bei Konferenzen geschehen sehe. Gerade diejenigen, die uns am meisten hassen und bekämpfen, sind oft diejenigen, die am Ende auf die dramatischste Art und Weise Gottes Gnade erfahren. Die meisten von uns scheinen zu denken, dass es unsere Aufgabe ist, die Fragen der Menschen zu beantworten und ihnen die Ängstlichkeit zu nehmen. Nicht so Jesaja. Er findet neue und tiefer gehende Fragen nach dem Gewissen und der Integrität Israels. Er billigt es Gott zu, das Volk zu prüfen, bis „*die Städte verödet sind und unbewohnt, die Häuser menschenleer, bis das Ackerland zur Wüste geworden ist*" (Jesaja 6,11). Was für perfekte Metaphern für das Schaffen eines Grenzbereiches, wo, so glaube ich jedenfalls, alle wahren Veränderungen stattfinden.

Die Aufgabe des Propheten ist scheinbar die, zuerst vorhandene Illusionen, also sozusagen den Status Quo, Stück für Stück und Schicht für Schicht auseinander zu nehmen und dann etwas Neues auf einer ehrlichen Basis wieder aufzubauen. Deswegen ist bei den Arrivierten und den Mächtigen der Prophet nie beliebt. Nur wenige außer dem „heiligen Samen" halten diese Entblätterung des Egos und der Institutionen aus.

Der Prophet führt uns auf den „Weg des Scheiterns", wohingegen die Aufgabe des Priesters darin besteht, uns auf den „Weg der Umkehr" zu bringen. Die meiste Zeit in der Geschichte gab es jede Menge Priester, aber fast keine Propheten. Wir Priester reden sehr gewandt über das großartige Reich Gottes oder über Jesu Kommen an Weihnachten, aber wir nehmen uns nicht die Zeit, die Menschen von ihren kleineren Königreichen und Loyalitäten loszueisen, um dieses Kommen überhaupt erst möglich zu machen. Als Folge geschieht nur sehr wenig Neues, und der Tag nach Weihnachten ähnelt sehr dem Tag vor Weihnachten. Die Propheten dagegen sind „radikale" Lehrer im wahrsten Sinn des Wortes: Sie gehen an die „Wurzelgründe" und an die „Wurzelsünden" und reißen sie an der Wurzel aus! Ihre Erziehungsmethode ist die, alles schrankenlos offen zu legen und es dann anzuklagen. Geistliche wie auch die Religion im Allgemeinen tendieren dazu, sich auf die Wirkungen und die Symptome zu konzentrieren, was sozusagen einem Aufräumen nach dem Fest gleicht. Um es noch besser auszudrücken: Wir werfen Menschen, die in einem reißenden Fluss untergehen, Rettungsringe zu, was ja durchaus gut und schön ist; die Propheten aber gehen als erstes flussaufwärts um herauszufinden, warum der Fluss so angeschwollen ist.

Glaube heißt für Jesaja nicht, an Doktrinen zu glauben, in Institutionen Sicherheit zu finden oder irgendwelchen Gruppierungen anzugehören (denn er hat sie ja alle Stück für Stück auseinander genommen). Glaube heißt für ihn das aktive und positive Annehmen dessen, was ist – Moment für Moment, Ereignis für Ereignis, Tragödie für Tragödie, Gnade für Gnade. Der Glaube erlaubt es Jesaja nicht nur, Gott in allen Dingen zu sehen, sondern zu glauben, dass Gott alle Dinge im Lauf der Geschichte für seine Ziele verwenden könnte und würde. Wir stehen an der Seite Jesajas, wenn wir wie er sehen: *„Von seiner Herrlichkeit ist die ganze Erde erfüllt"* – diese Herrlichkeit ist immer in dem Rauch verborgen, der den Tempel erfüllt, und durch die Flügel der Seraphim, die die Heilige Präsenz begleiten (Jesaja 6,2-5). Ein solches Sehen kann uns nur von Gott gelehrt, geschenkt und zuerkannt werden.

Das alles klingt für einen dualistisch denkenden Geist wie ungesunder Fatalismus – wie auch für die Pragmatiker aus Jesajas eigener Zeit –, aber so billig kann der biblische Glaube denn doch nicht verkauft werden. Lass Gott deine „Augen verkleben", damit du mit ihnen nicht siehst (Jesaja 6,10), und erlaube ihm dann, dass er dich sehen lässt; danach wirst du wissen, was Jesaja schon lange weiß: *„Nur in Umkehr und Stille liegt eure Rettung, nur Stille und Vertrauen verleihen euch Kraft"* (Jesaja 30,15).

Der Satz wird ausgesprochen, als die Ägypter bereits auf der Schwelle stehen und der König allen Grund hat, Allianzen mit jedem beliebigen Land einzugehen! Aber erinnern wir uns, Jesaja ist nicht um politische oder soziale Zweckmäßigkeiten besorgt; er kämpft um die Seele des Volkes und darum, ihnen die Grundfragen des Lebens aufzuzwingen. Für diesen Mann ist die Geschichte nichts anderes als eine Bühne für Gott.

Johannes der Täufer – die erste notwendige Befreiung

„Es trat ein Mensch auf, der von Gott gesandt war; sein Name war Johannes. Er kam als Zeuge, um Zeugnis abzulegen für das Licht, damit alle durch ihn zum Glauben kommen. Er war nicht selbst das Licht, er sollte nur Zeugnis ablegen für das Licht." (Johannes 1,6-8)

„Eine Stimme ruft: Bahnt für den Herrn einen Weg durch die Wüste! Baut in der Steppe eine ebene Straße für unseren Gott! Jedes Tal soll sich heben, jeder Berg und Hügel sich senken. Was krumm ist, soll gerade werden, und was hügig ist, werde eben. Dann offenbart sich die Herrlichkeit des Herrn, alle Sterblichen werden sie sehen. Ja, der Mund des Herrn hat gesprochen."
(Jesaja 40,3-5)

„Johannes trug ein Gewand aus Kamelhaaren und einen ledernen Gürtel um seine Hüften; Heuschrecken und wilder Honig waren seine Nahrung." ... „Ich taufe euch nur mit Wasser (zum Zeichen) der Umkehr. Der aber, der nach mir kommt, ist stärker als ich, und ich bin es nicht wert, ihm die Schuhe auszuziehen. Er wird euch mit dem Heiligen Geist und mit Feuer taufen." (Matthäus 3,4.17)

Dieser komplexe Mann benötigt drei verschiedene Bibelstellen zur Vorbereitung seiner großen Bühne. Er war immer eine meiner Lieblingsfiguren, aber er wurde, wie so viele der anderen, zu sehr „verkirchlicht" und hat so den größten Teil seiner Macht und seiner Botschaft verloren. Ich habe immer gespürt, dass er in keinem christlichen Heiligtum, das etwas auf sich hält, Zutritt bekommen würde (sogar in denen nicht, die nach ihm benannt sind und goldene Statuen von ihm haben). Er würde mit Sicherheit nicht in einem theologischen Seminar oder auch nur in ein Programm für Laiendienste aufgenommen werden (aufgrund mangelnder sozialer Fähigkeiten und ernstzunehmender Verletzungen der Kleiderordnung) und er würde durch die heute üblichen römischen Auswahlverfahren nicht mehr kanonisiert werden (er wäre den kirchlichen Institutionen unten am Tempel gegenüber zu kritisch und nähme außerdem der Kirche das Geschäft weg). Er ist aber doch der eine, von dem Jesus sagt: „Amen, das sage ich euch: Unter allen Menschen hat es keinen größeren gegeben als Johannes den Täufer" (Matthäus 11,11). Wahnsinn! Das ist kein Lob von schlechten Eltern! Weswegen verdient er diese Auszeichnung?

Wir wollen mit den zitierten Texten aus der Heiligen Schrift beginnen. Ich fange mit dem Prolog zum Johannesevangelium an, weil darin ohne jegliche Erklärung festgestellt wird: „Er war nicht selbst das Licht, er sollte nur Zeugnis ablegen für das Licht" (Johannes 1,8). Das ist nun wirklich eine ehrliche Aussage, denn auch ich halte Johannes den Täufer nicht für ein allzu großes Licht, gerade in Bezug auf die Gnade, die Freiheit, die Breite und die Tiefe, wie wir sie bald darauf bei Jesus sehen können. Er ist Jesu „Vetter vom Land", der den Ball ins Rollen bringt und glücklicherweise schnell aus dem Weg geht. Dafür ist Jesus – wie ich auch – sehr dankbar. Jesu Lobpreis ist ehrlich gemeint, weil Johannes seine Aufgabe, das Alte mit dem Neuen zu verbinden, erfüllt hat und das war nicht leicht. Aber in dem Moment, als diese Aufgabe und auch die Verkündung der Zukunft erledigt sind, tritt Johannes zu Recht ab und tut dies, wie wir wissen, auf sehr elegante Weise, mit ein wenig Hilfe von Salome und ihrer Servierplatte.

Die zweite Bibelstelle stammt aus der Einleitung des „zweiten" Jesaja (Deuterojesaja, ab Jesaja 40) und wird in allen drei synoptischen Evangelien zitiert – aber nur teilweise oder sogar falsch. Ich dachte, es wäre vielleicht hilfreich, zu der Quelle zurückzukehren, die als erste die Evangelisten inspiriert und sie dazu gebracht hat, Johannes als deren Erfüllung zu betrachten. In diesen Versen wird Jesaja bei seiner Berufung kurz als ein Prophet umrissen, der Gott für „alle Völker" leichter zugänglich machen soll, speziell aber für die aus dem Exil in Babylon zurückgekehrten Israeliten. Die Bilder sind unvergesslich und dramatisch. Berge beziehen sich klar auf die Arroganz der Mächtigen (vgl. Jesaja 2,14); die Täler sind all diese Hindernisstrecken und Schlaglöcher, die die Schuld- und Reinheitsgesetze in den Weg gestellt haben, und die Worte „alles" und „jedes" können nicht einfach übergangen werden. Es gibt einen deutlich erkennbaren neuen Universalismus bei Deuterojesaja, der während seiner (oder ihrer!) Zeit im Exil erniedrigt und geläutert wurde. Was wir nun hier vor uns haben, ist ein neuer Exodus, ein neuer Marsch aus einer immer neuen Sklaverei, und Jesajas Aufgabe ist es, diesen Marsch zu erleichtern und für die Menschen neu zu erschließen. Der Geniestreich der Evangelisten war es nun, Johannes den Täufer als diesen Erbauer einer Superschnellstrecke zu betrachten, und er scheint in dieser historischen Situation genau diese Funktion erfüllt zu haben. Er mag moralistisch und hart sein, aber schließlich und endlich legt er den Finger auf reale soziale Übel und schlägt nicht nur Breitseiten gegen das Reinheitssystem oder die liturgischen Schuldgesetze (Lukas 3,10-14). Johannes der Täufer repräsentiert klar einen Bruch zu der vom Tempel kontrollierten Religion, ob er nun Mitglied der Gemeinschaft von Qumran am Toten Meer war oder nicht. Trotz aller Schuld- und Reinheitsgesetze und der Tieropfer gab es diesen Außenseiter-Emporkömmling, der zum Fluss hinunter ging und die Vergebung der Sünden verkündete – und zudem das Volk „Schlangenbrut" nannte (Lukas 3,3-7)! Das ist nicht die Art und Weise, wie man einen angemessenen ökumenischen Dialog ins Leben ruft! Es ist keine Überraschung, dass das Jerusalemer Establishment schnell eine Delegation schickte, um seine Referenzen und seine Rechtgläubigkeit zu prüfen (Johannes 1,19-25). Die Popularität des Johannes war so groß, dass sie es nicht wagten, sich ihm entgegenzustellen, was bereits eine Menge über ihre angebliche Sorge über seine Rechtgläubigkeit aussagt (Johannes 3,22-27). Das Problem war, dass Johannes der Sohn einer Priesterfamilie war; Zacharias und Elisabet hatten beide beeindruckende Stammbäume (Lukas 1,5), aber ihr Sohn entsprach sicher nicht ihren Erwartungen. Man kann nur hoffen, dass der Vater von Johannes längst tot war und nicht ständig dem Priesterclub auf dem Golfplatz in die Arme laufen musste. Sein Sohn war mit Sicherheit ein Skandal, eine Enttäuschung und außerdem in Kamelfelle gekleidet (um seine strenge vegetarische Ernährung gar nicht erst zu erwähnen)!

Sehen wir uns die dritte Bibelstelle an: Diese Darstellung von Johannes dem Täufer bemüht sich sehr zu zeigen, dass dieser Mann nicht die „normale" religiöse Geschäftspraxis repräsentiert! Im Gesetz steht klar und deutlich, wie Sündenvergebung vor sich zu gehen hat, und die Schriftgelehrten sind diejenigen, die diese Vergebung durch die offizielle „Beichtpraxis" vermitteln: Bekennen der Sünden, feste Absicht, sich zu bessern und anschließend angemessene Buße – Tieropfer oder den Zehnten. Wie kann dieser Sohn eines Priesters Gottes Vergebung so einfach zugänglich machen wie Flusswasser! Erinnern wir uns, Johannes taufte immer für die „Vergebung der Sünden" (Markus 1,5; Matthäus 3,6; Lukas 3,3). Deswegen ist es für Christen so schockierend, dass sogar Jesus sich der Taufe unterwarf. Daran können wir sehen, warum ich sagte, dass Johannes eine komplexe und sogar unheimliche Figur ist und warum wir ihn zähmen mussten. Wie auch die Kleidung, der Ort und die nicht-koschere Ernährung deutlich machen, ist dieser Täufer kein Mann, der sich in eine Gemeinschaft einfügt. Dennoch haben wir genau das aus ihm gemacht – das Ganze führte dann zu netten Taufzeremonien in weißen Spitzenkleidchen. Im Lauf der Zeit veränderte sich unsere Sichtweise von seinem Wirken – wir glauben heute, Johannes habe lediglich gezeigt und bewiesen, dass unser Gott der beste ist. Johannes aber ist ein Mensch, der seine radikale Kritik an Religion, Moral und Priestertum buchstäblich lebt.

Nach all dem möchte ich jetzt doch eine Einschränkung machen und behaupten, dass Johannes der Täufer nur ein „Prophet der ersten Phase" war. Er hatte die Freiheit, die Leidenschaft und die klaren Begrenzungen, die für das In-Angriff-Nehmen aller Dinge benötigt werden. Jesus sagt nach seiner überschäumenden Lobrede auf Johannes auch, dass der Geringste in seinem „Reich Gottes" größer sei als Johannes der Täufer (Matthäus 11,11). Ja, Johannes ist ein wilder Mann, der den Weg bereitet, aber danach hat er nicht mehr viel zu tun. Nun wird ein „Mann der zweiten Phase" benötigt, einer wie Jesus, der weiß, wie man Nahrung aus dem vom Spreu getrennten Weizen bereitet und wie man die Spreu, für die Johannes keine Geduld hat, heilt und nutzt (Matthäus 3,12). Ich verehre Johannes dafür, wie weit er gegangen ist, aber der Grund, weswegen er für uns weiterhin heilig ist, ist vielleicht, dass ein großer Teil des Christentums immer noch die Religion von Johannes und nicht die von Jesus ist. Johannes war absolut ehrlich, als er zu Jesus sagte: „*Ich müsste von dir getauft werden*" (Matthäus 3,14). „*Ich taufe euch nur mit Wasser (zum Zeichen) der Umkehr. Der aber, der nach mir kommt, ist stärker als ich, und ich bin es nicht wert, ihm die Schuhe auszuziehen. Er wird euch mit dem Heiligen Geist und mit Feuer taufen*" (Matthäus 3,11). Und wie viel Zeit im Lauf der christlichen Geschichte wurde mit der Diskussion über das Wann, Wo, und Wie dieses simplen Rituals am Fluss verbracht! Wann ist die Taufe gültig oder erlaubt? Erkennt unsere Konfession eure Taufe an? Und so weiter. Ja, wir gehören noch zum großen Teil der moralistischen und ritualisierten Religion von Johannes dem Täufer an, obwohl er selbst gesagt hat: „*Ich bin es nicht*" (Johannes 1,21). Ich bin nicht der Christus, ich bin nicht Elija und ich bin nicht der Prophet, sagt er, aber: „*Ich bin die Stimme, die in der Wüste ruft*" (Johannes 1,23). Johannes geht weg von Stadt und Tempel und „ruft in der Wüste", als hätten die Menschen gesagt: „Du könntest genauso gut an eine Wand reden". Denn im Stadtzentrum können sie ihn nicht hören.

Was diesen Mann so außergewöhnlich macht, ist nicht sein Lehren. Er ist ein engstirniger und geradliniger Moralist. Er hat die zweite Lebenshälfte noch nicht erreicht und er ist noch nicht „gestorben". Er würde niemals etwas heilen oder in Einklang bringen. Was ihn groß macht, ist nicht sein Auftreten. Er ist unnötig schroff und hat Freude daran, immer anderer Meinung zu sein und sogar daran, sich selbst in Szene zu setzen. Was aus Johannes „den Größten" macht, ist das bescheidene und realistische Wissen um seine eigene bescheidene Rolle in dem großen Drama der Erlösung, und das zu einem Zeitpunkt, als er schon sichtbar große Menschenmengen anzieht und seine eigene Sekte oder sogar eine Massenbewegung südlich von Jerusalem gründen könnte. Männer wie Johannes sind sehr selten. Sie sind Zeugen der Wahrheit, weisen über sich hinaus und gehen dann aus dem Weg, so dass das wahre Licht durchscheinen kann. Johannes ist die erste notwendige Befreiung, die alles anfangen lässt: die Befreiung *von* sich selbst und somit die Befreiung *für* eine größere Botschaft.

Das ist es, was Jesus an seinem Cousin Johannes liebte und warum wir ihn ebenfalls lieben könnten und sollten. Er erfüllte seine Aufgabe ganz außergewöhnlich gut und er war für diese erste Phase des Erlösungswerkes Gottes unbedingt notwendig. Wir aber sind keine „Täufer"; wir sind letztendlich und hoffnungsvoll Christen.

Petrus – Er kam zu Gott, weil er Fehler machte

„Simon Petrus sagte zu ihnen: Ich gehe fischen. Sie sagten zu ihm: Wir kommen auch mit. Sie gingen hinaus und stiegen in das Boot. Aber in dieser Nacht fingen sie nichts. Als es schon Morgen wurde, stand Jesus am Ufer. Doch die Jünger wussten nicht, dass es Jesus war." ... „Da sagte der Jünger, den Jesus liebte, zu Petrus: Es ist der Herr! Als Simon Petrus hörte, dass es der Herr sei, gürtete er sich das Obergewand um, weil er nackt war, und sprang in den See. Dann kamen die anderen Jünger mit dem Boot – sie waren nämlich nicht weit vom Land entfernt, nur etwa zweihundert Ellen – und zogen das Netz mit den Fischen [die sie mit Jesu Hilfe gerade gefangen hatten] hinter sich her. Als sie an Land gingen, sahen sie am Boden ein Kohlenfeuer und darauf Fisch und Brot." (Johannes 21,3-4.7-9)

Warum wurden diesem Mann Schlüssel gegeben? Über ganz Rom verteilt gibt es Darstellungen von ihm mit seinen Schlüsseln. Warum würde man diesem größtenteils erfolglosen Arbeiter überhaupt Schlüssel für irgendetwas geben? Ich erinnere mich an meinen ersten Besuch im Petersdom in Rom, ich stand ehrfurchtsvoll am Seiteneingang und versuchte, alles in mich aufzunehmen, als ein schlecht gekleideter alter Mann sich neben mich stellte, ein paar Worte auf Italienisch murmelte und schnell wieder verschwand. Ich fragte meinen Begleiter, einen Mönch, der Italienisch sprach, nach der Bedeutung der wenigen Worte. Er lachte laut auf und sagte mir, dass der alte Mann mit Abscheu: „Ganz nettes Grab für einen Fischer" gebrummt habe. Der Mann war womöglich einer der italienischen Kommunisten.

Diese ganze Geschichte aus dem Evangelium, mit seiner Besetzung aus durchweg unmöglichen und nicht gottesfürchtigen Menschen, wird zu einer Farce, wenn wir zu Petrus gelangen. Er ist der einzige, den Jesus einen Teufel nennt (Markus 8,33); er ist der einzige, der Jesus direkt verleugnet (Markus 14,66-72); seine erste Antwort bei jeder Begegnung ist immer falsch; und doch ist er zweifellos der eine, den Jesus zum Sprecher und zum Symbol für dieses ganze neue, von ihm ins Leben gerufene Unternehmen macht. Was geht hier also vor sich? Ich glaube, es ist wirklich etwas Gutes, wenn der eine, der „praktisch nackt ist", der Anführer werden kann.

Petrus ist unzweifelhaft der Jedermann bzw. die Jedefrau. Petrus ist die Menschlichkeit in ihrer liebenswertesten, aber auch entmutigendsten Form. Petrus hat einen ungebildeten, Arbeiter-typischen Zugang zum Leben. Er filtert die Dinge nicht durch seinen Kopf wie die Leute, die Bücher wie dieses hier schreiben. Er filtert das Leben durch eine unmittelbare, instinktive Reaktion, was bedeutet, dass er es gar nicht filtert. Was sonst würde eine Bibelstelle vermitteln bzw. vermitteln wollen, die den armen Kerl die Kleidung anlegen lässt, bevor er ins Wasser springt, während der Rest der Mannschaft die vernünftigere Bootsfahrt zum Strand vorzieht? Sind diese Nebensächlichkeiten nur zufällig oder versuchen sie uns etwas über den wirklichen Charakter und das Temperament dieser zentralen Figur der Evangelien zu sagen? Petrus wird immer ein bisschen wie ein Clown gezeichnet – aber wie der Clown, der in uns allen steckt und den Gott durch Jesus liebt und den Gott für seine Absichten einspannt.

Was für ein Jammer, dass wir ausgerechnet Petrus, der das unermesslich hoffnungsvolle Symbol für das Menschsein ist, mit Tiara und Flitterkram ausgestattet haben. Was für eine Tragödie für die Geschichte, dass das, was seine ureigene Macht sein sollte, zu einer Quelle für Diskussionen, Trennungen und Erklärungen geworden ist, statt zu einer Kraft für menschliche und soziale Veränderungen. Der Dalai Lama besitzt eine Freiheit, wie sie sich die Päpste nur wünschen können. Jesus gab uns Petrus, um unsere offensichtliche Fehlbarkeit und unser für Gott sehr brauchbares Scheitern zu bestätigen, und wir drehten ihn um und machten ihn „unfehlbar" – die einzige Eigenschaft, die sich durch sein Leben niemals belegen oder darstellen lässt. Das ist ein so selbstverständlich dem Bibeltext entgegengesetztes Dogma, dass es für mich ein Paradebeispiel für das alte Axiom ist: „Wenn du eine Lüge erzählen und damit durchkommen willst, erzähl' eine wirklich große." Die meisten Menschen haben nicht den Mut zu denken, dass wir mit einer so großen Lüge völlig falsch liegen könnten; die Heilige Schrift dagegen hat diesen Mut.

Aber wer ist hier der Übeltäter? Brauchen wir denn überhaupt einen? Ich bin davon überzeugt, dass es nicht irgendwelche bösen und machtgierigen Leute in Rom sind. Der Übeltäter ist vielmehr die sehr natürliche Weltsicht derer, die bereits an der Macht sind. Wenn man das Leben von ganz oben betrachtet, wie wir es seit der konstantinischen Wende zur Genüge tun können, kann man Texte nicht mehr aus dem Blickwinkel des Wandels und der Veränderung lesen; man liest sie aus dem Blickwinkel der Selbsterhaltung und des Status Quo. Diese Vorgehensweise ist nicht böswillig; sie ist lediglich vorhersehbar und ein bisschen blind. Petrus, der scheiternde Fischer, der „in der Nacht nichts fing", kann zum großen Teil als Urteil über die Geschichte und über unsere Vernarrtheit in die Macht und in die reine Pflichterfüllung betrachtet werden. Er verkörpert die Kritik an unserer bis heute erreichten Ebene menschlicher Entwicklung, aber ebenso den Anreiz weiterzugehen. Möglicherweise brauchte Gott Petrus deswegen als Fischer. Ein Fischer kennt die Macht des Köders und er kennt die Geduld des Wartens. Petrus ist in der Tat ein „Menschenfischer", ein Köder für die Menschheit, sogar dann, wenn wir es nur selten zugelassen haben, uns mit seinem zerrissenen Netz fangen zu lassen.

Jesus sieht all dies voraus, als er beim letzten Abendmahl zu Petrus und den Jüngern spricht. Sie diskutieren wieder, wer von ihnen der größte sei. Jesus sagt, dass das bei Königen und ihren Völkern so sei, aber bei ihnen „*soll es nicht so sein, sondern der Größte unter euch soll werden wie der Kleinste, und der Führende soll werden wie der Dienende*" (Lukas 22,26). Dienendes Führen, die Autorität, die ganz von unten kommt, ist diejenige, die schließlich die Menschen überzeugt und umkehren lässt. Sie gründet nicht auf *potestas*, der Macht, etwas durchzusetzen, sondern auf *auctoritas*, also auf der Macht innewohnender Wahrheit. Diese Macht können wir bei Menschen wie Nelson Mandela, Mutter Teresa und Mahatma Gandhi sehen. Sie besitzen die Autorität, die von ihrer Lebensweise herrührt, und sie brauchen keinen Thron und keine spezielle Kopfbedeckung, um diese Autorität geltend zu machen. Gott sei Dank hat Papst Paul VI. die Tiara abgeschafft, die Hermelinschleppe und den Tragesessel, Dinge, die im Mittelalter wohl noch notwendig waren. Waren sie das wirklich?

Weil Jesus weiß, dass diese Botschaft für die Jünger sehr schwer zu verstehen ist, nimmt er die Rolle der dienenden Autorität auf sich (Lukas 22,27), in der Hoffnung, dass sich dieses Bild in deren Erinnerung einprägen wird. Das genaue Lesen der Heiligen Schrift ist immer gefährlich für die Mächtigen und die Unehrlichen.

Auf der persönlichen Ebene, von der alles ausgeht, sind die Geschichten über Petrus großartige und auch ehrliche Aussagen darüber, wie wir alle zu Gott kommen. Das ist eine große Überraschung und für viele ein großer Schock und sogar eine Enttäuschung. Wir kommen mit Sicherheit nicht zu Gott, indem wir alles richtig machen, sondern ironischerweise deswegen, weil wir Dinge falsch machen. Diese Botschaft ist bei fast jedem biblischen Charakter sehr deutlich zu sehen, mit einer möglichen Ausnahme: Maria. Nicht einer dieser Charaktere wäre anhand der späteren strengen Kriterien für die Heiligsprechung kanonisiert worden. Heiligkeit hat in der Bibel mit Gottes Ruf, seiner Gnade und seiner Treue zu uns zu tun und nicht mit der Treue unserer Reaktionen auf ihn. Deswegen schweift der Text ab, um Petrus' erste Reaktionen fast immer als nicht korrekt darzustellen und um zu zeigen, dass ihm die zweite, richtige Reaktion fast immer durch Jesu Güte und Geduld aufgezwungen wurde. Prüfen Sie es in den Geschichten mit Petrus selbst nach. Er ist der erste in seiner Dummheit, aber auch der Erste, der sich Jesus ausliefert. Das ist der für Petrus normale Weg. Bis der Hahn kräht, verstehen wir es nicht. Bis der Hahn kräht, sehen wir Gott nicht. Bis der Hahn kräht, kennen wir uns selbst nicht. Wir sind alle gerettet, obwohl wir so sind, wie wir sind, und nirgendwo wird das deutlicher gezeigt als im Leben des Petrus. Gott liebt Petrus nicht, weil Petrus gut ist. Gott liebt Petrus, weil Gott gut ist, und das erkennt Petrus schließlich. Im Gegenzug wächst dadurch seine Liebe zu Jesus. Schließlich eilt der Jedermann Petrus mit dem Lieblingsjünger Johannes zur Auferstehung, immer voll Ehrgeiz, diesen einzuholen.

Wir sehen das alles in der schönen Erzählung in Johannes 20,1-10. Beide Jünger werden in perfekter archetypischer Symmetrie präsentiert: Johannes ist „die Liebe" (Johannes 20,2), die immer zuerst und schneller zur Wahrheit gelangt; er betritt aber das leere Grab doch demütig erst nach Petrus und „glaubt" sofort. Petrus, Symbol der Gemeinschaft und Symbol für den Jedermann, der zunächst hinterherläuft, tritt hastig in das Grab, es wird aber nicht erwähnt, dass er „glaubt" oder jemanden trifft, und dann „*kehrten die Jünger wieder nach Hause zurück*" (Johannes 20,10). Es ist nicht so, dass der eine recht hat und der andere nicht, weil wir wissen, dass beide letztendlich Jesus trafen und glaubten. Es ist eine Frage von sowohl – als auch; es ist eine Frage des Timings und des Temperaments. Liebe ist immer der sicherere Weg zum Leben, der schnellere Weg, über die Kreuzigung hinaus weiterzugehen. Die Glaubensgemeinschaft ist der Weg, der uns bei unseren lebenslangen Bemühungen an der Stätte der Liebe hält. Johannes erkennt das, er lässt Petrus vorausgehen und zuerst das Grab betreten. Ich dagegen besaß das Gefäß der Botschaft, lange bevor ich dessen wahren Inhalt entdeckte.

Das Evangelium lässt uns in der vollen Spannung zwischen dem Gefäß und dem Inhalt, dem Medium und der Botschaft, den Weinschläuchen und dem Wein. Petrus ist das Gefäß, das normalerweise schwerfällig, schwierig und sogar langweilig ist; Johannes ist der Inhalt, d.h. der neue Wein und die sensationelle Botschaft. Aber Jesus ist realistisch genug zu wissen, dass neuer Wein in neue Schläuche gehört – damit beides erhalten bleibt (Matthäus 9,17)! Das wird niemals eine wirklich beliebte Botschaft sein, besonders in dieser Zeit des ausgeprägten Individualismus und des Fast Food. Wir würden eher unseren Wein an einem Alkohol-Drive-In kaufen und dann gleich wegfahren.

Ich weiß selbst, dass ich diese Dinge, die ich in diesem Buch schreibe, niemals sagen könnte, wenn ich nicht von Petrus' Fischerboot über den großen See meines Lebens getragen und gehalten worden wäre. Die Kirche selbst hat mich ermächtigt und sie zwingt mich sogar dazu, die Kirche zu kritisieren. Das Evangelium verkündet diese Gemeinschaft, die mich die Werte und Kriterien gelehrt hat, durch die ich wiederum diese Gemeinschaft beurteile. Es ist Petrus' Botschaft, die mich lange genug festgehalten hat, so dass ich Johannes' Botschaft erkennen konnte. Sobald ich begriffen hatte, dass fehlbare, scheiternde Menschen wie Petrus die Norm sind, war ich in der Lage, auf Liebe hoffen zu können – und ich fand Hoffnung für mich selbst.

Paulus – ein Mann der Gegensätze

„Und das Niedrige in der Welt und das Verachtete hat Gott erwählt: das, was nichts ist, um das, was etwas ist, zu vernichten, damit kein Mensch sich rühmen kann vor Gott. Von ihm her seid ihr in Christus Jesus, den Gott für uns zur Weisheit gemacht hat, zur Gerechtigkeit, Heiligung und Erlösung." (1 Korinther 1,28-30)

Wir schauen auf Paulus mit Verehrung und Bewunderung und ein bisschen mit Misstrauen – auf diesen Juden, der zu Recht als einer der zehn einflussreichsten Männer in der Geschichte der Menschheit betrachtet wird. Er schuf eine Verbindung zwischen inneren und äußeren Dingen. Ich glaube, dass dies sowohl seine Genialität als auch seinen Konflikt bedingte.

Starb Saulus wirklich in dem Moment, als Paulus geboren wurde, auf diesem Weg nach Damaskus? Oder war Saulus immer im Hintergrund, das Rohmaterial für Gottes neue Schöpfung? War Saulus wirklich ein schlechter Mensch, ein selbstgerechter Anhänger einer Ideologie, den wir alle nur zu gerne hassen? Oder war Paulus ein geradezu perfekter Mensch, und die meisten finden es deswegen so schwierig, ihn zu lieben? Vielleicht finden wir ja darauf eine Antwort.

Für den Rest seines Lebens und in all seinen Briefen scheint Paulus auf paradoxe Art und Weise zu lieben und zu verstehen. Er bevorzugt die „dialektische Methode" und lehrt durch Kontraste, Vergleiche und das Überwinden scheinbarer Gegensätze. Diejenigen, die ihn nur oberflächlich lesen, erklären fast immer einen Gegensatz für schlecht und einen für gut, z.B. Fleisch und Geist. Genau dies bedeutet jedoch, dass Paulus' Genialität als Lehrer bei weitem nicht verstanden wird. Wenn man sich nicht gewissenhaft mit den eigenen Verstehensmustern auseinandergesetzt und sie teilweise miteinander versöhnt hat, dann ist es, wie ich denke, fast unmöglich, den großen Sankt Paulus zu verstehen. Wie Sokrates und alle Weisheitslehrer ist er ein Geburtshelfer und kann nur das herausholen, was bereits da ist. Ich selbst zum Beispiel habe herausgefunden, das man nur sehr viel Zeit verschwendet, wenn man mit jemandem über „Kontemplation" redet, der nicht mindestens einen kleinen Moment unverdienter und unerwarteter Gottesgemeinschaft erlebt hat.

Ja, wir können uns aus vielen verständlichen Gründen dafür entscheiden, uns über Paulus zu ärgern und ihn abzulehnen, aber wir sollten uns vor Augen halten, dass wir dann eine Gelegenheit verpassen, in die Auseinandersetzung mit der Fülle des Menschseins einzutreten. Paulus ist – wie die Heilige Schrift selbst – ein „Text in Arbeit", um René Girards wunderbaren und sehr erhellenden Ausdruck zu verwenden. Er gibt uns so manche Antwort, ja, aber nur dadurch, indem er uns zuerst die Erfahrung innerer Dilemmas und innerer Auseinandersetzungen machen lässt. Er ist das personifizierte Problem, das menschliche Paradoxon und eine Möglichkeit des Menschlichen. Bleiben wir bei ihm und wir werden unser eigenes Leben in demselben Text und in derselben Aufgabe eingebunden finden.

Alle Menschen sind voller Gegensätze, die darauf warten, miteinander versöhnt zu werden. Es genügt nur einer von Paulus' zahlreichen Sprüngen mitten hinein in diese Gegensätze, um ihn als Genie, Mystiker und erstklassigen Seher entdecken zu können. Wir sehen eine seiner Erkenntnisse in der zu Beginn über Paulus zitierten Bibelstelle, die uns durch scheinbar auf den Kopf gestellte Aussagen verblüfft (1 Korinther 1,18). Was ist Weisheit und was ist Torheit für uns, wenn wir diese Stelle gelesen haben? Paulus führt uns in Grenzbereiche des Verstandes – und lässt uns für eine Weile dort schmoren – bis wir etwas erwachsener geworden sind. Und er wagte es sogar, so zu dem geordneten und klaren apollonischen Verstand der Griechen zu sprechen, der klare Aussagen brauchte und auch danach verlangte. Der Mann ist entweder selbst sehr weise oder sehr töricht. Dieses scheinbare Paradoxon hat er in sich selbst überwunden und steht mutig dafür ein. Obwohl er der erste wäre, der sagen würde, er hätte das Paradoxon nicht überwunden, sondern er wäre von ihm überwältigt worden. Er verwendet gerne die Wörter „gefangen" oder „ergriffen", um diese Erfahrung auszudrücken (z.B. Philipper 3,13). Das *Wort vom Kreuz* (1 Korinther 1,18) wurde für Paulus eine neue Art eines „Steines der Weisen", seine eigene Schablone, mit Hilfe derer er die Bedeutung der Wirklichkeit bewerten und kritisch beurteilen konnte. Diese Schablone erlaubte es ihm, das, was Ordnung und Logik zu sein schien, zu durchdringen, um eine neue Ordnung zu entdecken, die er die „verborgene Weisheit Gottes" nannte. Die „verborgene Weisheit Gottes" könnte niemals durch reines Studium oder durch Intelligenz erlangt werden, sondern nur durch die Hingabe an die Gemeinschaft mit Gott, die Paulus „Glaube" nannte. Er verwendet ein Wort aus der Rechtsprechung: „Gerechtigkeit" (vgl. 1 Korinther 1,30), um diese Vereinigung zu beschreiben. Man könnte es auch „ultimative Gültigkeitserklärung", „Widerspiegelung" oder „Erlösung" nennen. Aber Paulus wusste, dass der einzige Weg zu dieser Umkehr bzw. Erlösung darin besteht, durch eine Erfahrung der Selbstentäußerung zu gehen, die unser falsches und künstliches Selbst entlarvt und uns so zu einem erneuerten Selbst führt (Epheser 2,15 bzw. Galater 6,15), in dem alle Gegensätze aufgenommen und überwunden bzw. versöhnt werden können. Es war in ihm selbst geschehen, und jetzt verstand er seine Lebensaufgabe darin, diese Versöhnung weiterzugeben (2 Korinther 5,18), die immer durch das Zusammentreffen von Gegensätzen, auch Kreuz genannt, geschieht.

Das Kreuz ist – auch geometrisch – der Zusammenstoß zweier gegensätzlicher Linien. Paulus wusste durch seine unverdiente Erwählung, dass Gott sein früheres Selbst nicht ausgelöscht oder ausgetrieben, sondern es stattdessen dem christlichen Selbst „einverleibt" hatte. Er wusste, dass er immer noch ein Konglomerat aus Gegensätzen und Unbeständigkeiten war, eine Erkenntnis, die buchstäblich auf jeder Seite seiner Briefe zur Sprache kommt. Sein absolutes Vertrauen lag jedoch nicht auf seiner persönlichen Ganzheit, sondern in dem einen, der ihn in die Ganzheit Gottes gepflanzt hatte, Jesus. Das ist die absolute Basis seiner Freude, seiner Liebe, seines gewagten Selbstvertrauens und seines leidenschaftlichen Wunsches, dass alle anderen dieselbe Umwandlung und dieselbe Ekstase erfahren sollen.

Wir wollen die scheinbaren Gegensätze auflisten, mit denen Paulus so gern spielt, und sie miteinander versöhnen: Gesetz und Geist, Fleisch und göttlicher Geist, das alte und das neue Selbst, Adam und Christus, Schwäche und Stärke, Torheit und Weisheit, Jude und Heide, Erwählung aufgrund der Zugehörigkeit zu einem bestimmten Volk und Erwählung aus Gnade, Leistung und Barmherzigkeit, Ausschließlichkeit und Einschließlichkeit, Gesetz und Freiheit, Verdienst und Auserwähltsein, Aussonderung des Einzelnen und Gemeinschaft, Perfektion aufgrund von Gehorsam und Perfektion aufgrund von Hingabe, Pflicht und Charisma, die zwölf Apostel und Paulus selbst als Apostel. In all diesen Gegensätzen beschreibt er Dinge, die in ihm durch seine Lebenskonflikte bereits überwunden sind; so scheint er sie nicht als Gegensätze anzusehen, auch wenn er an diesen inneren Konflikten immer noch leidet (vgl. Römer 7,14-25). Für Paulus ist Christus der eine, der all diese Gegensätze in ihm überwindet und der seine unvereinbaren Anteile in der Barmherzigkeit zusammenhält, die ihm zuerst auf dem Weg nach Damaskus begegnete. Wie könnte er nicht leidenschaftlich einen solchen Christus lieben, sogar wenn er bis zum Ende ein Jude bleiben sollte?

Jedenfalls gibt es eine Spannung zwischen dem, was wie ein Muster oder eine Struktur zu sein scheint und Gottes Freiheit, das Muster zu durchbrechen und eine Gegenstruktur einzuführen. Bleiben wir lange genug bei Paulus, dann werden wir diese Spannung immer sehen, auch wenn einzelne Passagen seiner Briefe reine Struktur zu sein scheinen, andere reine Gegenstruktur. Erinnern wir uns, er selbst ist ein „Text in Arbeit", genau wie wir es sind. Es ist eine größere Liebe, die in ihm alles zusammenhält und es ist eine größere Liebe, die ihn ergriffen hat.

Es ist fast so, als ob das menschliche Bewusstsein nicht dazu bereit war und es bis heute immer noch nicht ist, diese kreative Spannung zu erkennen. Die meisten Zitate aus den Paulusbriefen, die in der Kirche verwendet werden, sind aus den Passagen mit der Struktur, und wir waren blind und nicht willens, seine klaren Gegenstruktur-Ansichten zu sehen, von denen viele für eine Religion, die vorrangig versucht, Ordnung in eine Welt voller Unordnung zu bringen, ziemlich bilderstürmerisch und gefährlich sind. Aber weder Jesus noch Paulus sind besonders an Ordnung, Nettigkeit oder Sozialkontrolle interessiert. Sie bemühen sich um die Veränderung von

Menschen und der Geschichte und darum, die tatsächliche Unordnung im Leben von Menschen zu verwenden, um sie zu Gott zu führen. Deswegen nennen sie diese Veränderung die „gute Nachricht" und deswegen ist sie eine überraschende und freudige Entdeckung für jeden, der ehrlich an sie herangeht. Was wir dagegen heute in der westlichen Religion weithin finden können, sind „schlechte Nachrichten": der Versuch, eine unmögliche Ordnung einer Welt aufzudrücken, der Gott es erlaubt hat, unordentlich zu sein, und in der Gott sogar die Unordnung dazu verwendet, um uns alle zur Liebe zu bringen. Wie könnten wir eine solch ausgesprochen gute Nachricht versäumen oder vermeiden?

Es ist zum einen die Angst, die Paulus bewegt, zum anderen ist es diese „gute Nachricht", die ihn vorantreibt, ohne dass er je nachlassen würde. Er will, dass sich alle an derselben Gnade erfreuen sollen. „*Auch wir sind schwach in ihm [Jesus], aber wir werden zusammen mit ihm vor euren Augen aus Gottes Kraft leben*" (2 Korinther 13,4). Paulus weiß, wo seine Kraft liegt und er weiß, wo seine Wunde ist, aber sein spiritueller Geniestreich ist, dass er die beiden miteinander verbunden hat! Die meiste Zeit in der christlichen Geschichte haben sich die Christen bemüht, diese beiden Dinge voneinander fernzuhalten, und das Ergebnis war Verstellung, Leugnen und Langeweile aufgrund einer Botschaft, die so nicht funktionieren konnte. Paulus' Theologie der „zerbrechlichen Gefäße" (2 Korinther 4,7) und der Erkenntnis: *„Damit ich mich wegen der einzigartigen Offenbarungen nicht überhebe, wurde mir ein Stachel ins Fleisch gestoßen*" (2 Korinther 12,7) wird zu der unglaublichen, aber äußerst hoffnungsvollen Spiritualität der Verletzlichkeit oder der „Unvollkommenheit", eine Spiritualität, die die meiste Zeit der jüdischen und christlichen Geschichte über nicht mehr als ein Nebensatz war. Wir lieben die Verletzlichkeit überhaupt nicht, obwohl unsere Religion die einzige ist, in der buchstäblich ein verletzter Mann – und sogar in einer recht drastischen Darstellung – verehrt wird. Das Ganze begann damit, als Gott zu Israel sagte, dass er sie genau aus dem Grund erwählt habe, weil sie „das kleinste" von allen Völkern waren (Deuteronomium 7,7). Es setzte sich fort mit einer fast peinlichen Auswahl von Personen wie unfruchtbare Frauen, vergessene Söhne, offensichtliche Sünder und behinderte Menschen, bis hin zu Jesu schockierender Eröffnung seiner Seligpreisungen: „*Selig, ihr Armen, denn euch gehört das Reich Gottes*" (Lukas 6,20). Dieses Thema erscheint wieder bei den Heiligen, bei Franz von Assisi, Vinzenz von Paul, Therese von Lisieux und Mutter Teresa, und es zeigt sich heute sogar in der Spiritualität der Anonymen Alkoholiker.

Aber der wichtigste „Text" in der Geschichte war immer die Tagesordnung des Ego, das „Aufwärts" und das „Abwärts" – der Aufstieg bevorzugt vor dem Abstieg – wie auch der spirituelle Imperialismus (was sich dann in der Gesellschaft wiederholte). Eine „Spiritualität der Perfektion" ist ein göttliches oder möglicherweise mathematisches Konzept, auf keinen Fall ein menschliches. Paulus war stattdessen der Theoretiker des Skandals, der im Leben und im Tod Jesu geschehen war, aber während der meisten Zeit in der christlichen Geschichte waren wir nicht in der Lage, dieses „Zeichen, dem widersprochen wird" (Lukas 2,34), auszuhalten. Die Vorstellungen von Gewinn und Verlust, Erfolg, Lohn, Strafe, Opfer und Verdienst scheinen dagegen in unserer Psyche fest verankert zu sein. Gnade hatte nie ein leichtes Spiel. Aus bestimmten Gründen misstraut das Ego allem, was frei ist. Es fürchtet alles, was unsere Kleinheit statt unserer Größe oder unsere Not leidende Bedürftigkeit statt unserer heroischen Hingabe beim Namen nennt.

Paulus hat, wie nur wenige im Lauf der Geschichte, das Wort Gottes als Schwert vor sich hergetragen. Er hat oft zu diesem „Arztskalpell" gegriffen: „*Denn lebendig ist das Wort Gottes, kraftvoll und schärfer als jedes zweischneidige Schwert; es dringt durch bis zur Scheidung von Seele und Geist, von Gelenk und Mark; es richtet über die Regungen und Gedanken des Herzens; vor ihm bleibt kein Geschöpf verborgen, sondern alles liegt nackt und bloß vor den Augen dessen, dem wir Rechenschaft schulden*" (Hebräer 4,12-13). Lassen wir uns also chirurgisch behandeln. Es ist ein bedeutender Eingriff, aber die Ergebnisse sind ebenfalls bedeutend. Die Worte der Bibel sagen, dass Paulus durch das Schwert gestorben ist. Ich frage mich, ob diese Worte nicht ebendieses Schwert sind. Die Botschaft, die uns nackt und bloß vor den Augen Gottes zurücklässt, ist genau dieselbe, die uns unseren Feinden nackt und bloß ausliefert. Vielleicht hat sich die Geschichte deswegen immer vor dem Schwert des Paulus gefürchtet.

Timotheus – das Gemüt eines Anfängers

„Niemand soll dich wegen deiner Jugend gering schätzen. Sei den Gläubigen ein Vorbild in deinen Worten, in deinem Lebenswandel, in der Liebe, im Glauben, in der Lauterkeit. Lies ihnen eifrig (aus der Schrift) vor, ermahne und belehre sie, bis ich komme. Vernachlässige die Gnade nicht, die in dir ist und die dir verliehen wurde, als dir die Ältesten aufgrund prophetischer Worte gemeinsam die Hände auflegten. Dafür sollst du sorgen, darin sollst du leben, damit allen deine Fortschritte offenbar werden. Achte auf dich selbst und auf die Lehre; halte daran fest! Wenn du das tust, rettest du dich und alle, die auf dich hören.
Einen älteren Mann sollst du nicht grob behandeln, sondern ihm zureden wie einem Vater. Mit jüngeren Männern rede wie mit Brüdern, mit älteren Frauen wie mit Müttern, mit jüngeren wie mit Schwestern, in aller Zurückhaltung."
„Trink nicht nur Wasser, sondern nimm auch etwas Wein, mit Rücksicht auf deinen Magen und deine häufigen Krankheiten."

(1 Timotheus 4,12-5,2.23)

Was ist es, was Timotheus ausmacht? Ist es Demut? Ist es Bodenständigkeit? Oder ist es Angst? War er einfach nur schlau genug, sich der offensichtlichen Größe von Paulus und Jesus zu unterwerfen? Oder war er nur ein furchtsamer Anhänger? Die Briefe des Paulus vermitteln einen sehr positiven Eindruck von Timotheus als einem Mann, der als Führer ausgebildet werden könnte. Was gab ihm, der so jung war, diese Gelehrigkeit? Warum war Paulus in der Lage, ihn so früh im Leben zu formen? Meine eigene Erfahrung durch die Arbeit mit heutigen Männern ist, dass sie nicht sehr verantwortlich und noch viel weniger gelehrig sind, außer man hat mit Hilfe von Gehalt, Verpflichtung oder Gesetzen Macht über sie. Was geschah hier mit diesem jungen Schüler Timotheus, was ihn so anders machte? Wenn Paulus der klassische Mentor ist, dann, so schätze ich, müssten wir Timotheus den klassischen Schützling nennen.

Ich weiß, dass sein Name eine Ableitung des griechischen Wortes für „Angst" ist und Timotheus hatte möglicherweise nur Angst davor, falsch zu liegen oder Angst davor, nicht gemocht zu werden; oder er hatte nur Angst vor sich selbst, wie viele von uns auch. Wenn das wahr ist, machte er eine Tugend daraus. Seine Furcht wurde scheinbar in etwas umgewandelt, was wir „das Gemüt eines Anfängers" nennen können. Das bewirkt Gnade immer – sie kehrt unsere Fehler um, so dass wir auf eine andere Art und Weise Gottes Wahrheit lieben und ihr dienen können. Was als Furchtsamkeit beginnt, wird zu Demut, Offenheit und Gelehrsamkeit. Übler Selbstzweifel wird zur gesunden Betrachtung des Selbst, die in meiner Vorstellung viel mehr Menschen haben sollten! Dieser geduldige Sinn für Offenheit und Demut, der nicht wegen Versagen, Widerständen oder zynischem Alter aufgibt. Er fragt um Rat und hört seinerseits auch auf guten Rat. Er formt das Team, hält es in Ehren und lehnt Effekthascherei und Karrieren aus eigener Kraft ab – eine Haltung, die heute nicht sehr viele Bewunderer hat. In der Tat wird sie auch bei unseren gewählten politischen Führern nicht geschätzt.

Timotheus' Ängstlichkeit wurde in wahren Mut und in gesunde Loyalität verwandelt. Jetzt wird er zum treuen Reisebegleiter des Paulus quer durch Kleinasien und Makedonien; er unterzieht sich der Beschneidung als Erwachsener (worauf wir als Männer nicht allzu großen Wert legen!); er wird allein vorausgeschickt, alleine zurückgelassen, er darf eigene Entscheidungen treffen, obwohl er noch sehr jung ist, er wird von Paulus beauftragt, Ältere zu beurteilen, in Ämter einzusetzen und sie, wenn nötig, zu tadeln – und das alles in Kulturen, die ausschließlich Alter, Rang und Titel respektierten. Timotheus besaß keine dieser Eigenschaften, nur eine Leidenschaft und eine Hingabe, die Paulus dazu brachten, ihn „mein Bruder", „Mann Gottes", „geliebter Sohn" und „wahrer Sohn im Glauben" zu nennen. Timotheus' Bewusstsein seiner eigenen Begrenzungen wurde zur Loyalität gegenüber der Unbegrenztheit Gottes und zur Loyalität gegenüber Paulus, seinem Lehrer, der ihn verwirrt haben muss mit seinen gewagten Ansichten und seiner Bilderstürmerei. Sein tiefes Wissen darum, dass er allein nichts bewirken kann, gibt ihm die Sicherheit, dass Gott alles bewirkt. Sein gesunder Selbstzweifel erlaubt es ihm, einem Anderen zu trauen und ihn zu bewundern. Keine schlechte Metamorphose der Angst.

Es scheint, dass unsere Fehler nicht einfach so verschwinden; sie werden von einem sehr unternehmungslustigen Gott dazu benutzt, uns zu heilen, wie die Schlange, die zuerst die Israeliten in der Wüste biss (Numeri 21,9). Heute nennen wir es homöopathische Medizin und wir sehen das Symbol der Schlange auf den Apothekenschildern. Gott nutzt alles, was wir tun, sogar unsere Verfehlungen, um uns zu unserem göttlichen Selbst zu bringen. Die göttliche „Wirtschaft" ist in der Tat sehr „wirtschaftlich". Gott bezieht das Scheitern mit ein, um den Sieg zu erschaffen – der ultimative Weg, um einen Sieg zu erringen. Der wahre Sieg ohne Verlierer. Die Fehler und die Begrenzungen sind immer noch da, aber sie wurden zu einer Gabe destilliert. Und dafür können wir uns nicht gut selbst rühmen. Wie C.G. Jung gern zu sagen pflegte: „Wo wir stolpern und fallen, da finden wir pures Gold." Alles, wofür wir uns rühmen können, ist der Fall, nicht das Aufstehen. Es ist ein Zeichen wahrer Erkenntnis, wenn wir das als wahr erkannt haben. Das übliche Klischee von den Heiligen, das immer so unaufrichtig zu sein scheint, fußt im Prinzip auf der gleichen Erkenntnis: „Ich bin nur für meine Sünden verantwortlich, aber mein Gutsein kommt vollständig von Gott". Objektiv gesehen haben sie Recht. Timotheus weiß, wie jeder, der jemals ehrlich oder demütig gewesen ist, dass das kein Klischee ist, sondern die Wahrheit.

Es könnte noch eine andere Möglichkeit geben. Die Angst, auf die der Name Timotheus hinweist, könnte ebenso mit „ehrfurchtsvoll", „von Staunen ergriffen" oder „Bezauberung" übersetzt werden. Das finden wir in fast allen Beschreibungen authentischer religiöser Begegnungen. Jede biblische Beschreibung der Theophanie, von Moses bis zu Maria, erzählt von der „Furcht" – im Sinn von „Angst" – bei dem, der diese Erfahrung macht. Und immer ist Gottes Antwort darauf das Gegenteil: „Fürchte dich nicht!" Die einzig angemessene Antwort auf den Unendlichen wäre sicher die überwältigende Erkenntnis unserer eigenen Endlichkeit und unserer Unfähigkeit, ihn zu empfangen. Doch nichtsdestotrotz lädt uns Gott ein. Gott scheint zu sagen: „Verschwende keine Zeit damit, Fragen nach dem Verdienst zu stellen. Ich bin nicht an Verdiensten interessiert, sondern an Bereitschaft und Empfänglichkeit." Von Staunen ergriffen zu sein heißt, die Auszeichnung zuzulassen, die eigene Kleinheit zu ertragen und dennoch im Stand der Gnade zu sein. „*Denn auf die Niedrigkeit seiner Magd hat er geschaut. Siehe, von nun an preisen mich selig alle Geschlechter*", sagt Maria (Matthäus 22,14). Diese sind die Erwählten, die niemals dieselben sind wie die Verdienstvollen. Ja, manche sind berufen, tatsächlich aber sind es alle. Aber sehr wenige erlauben es sich, sich erwählen zu lassen. Sie wären lieber „verdienstvoll".

Ich meine, es gibt hier einige Hinweise, dass unser junger Timotheus sich tatsächlich erwählen ließ. Er scheint in sich zu ruhen, er ist mit Sicherheit voller Ehrfurcht und äußerst zufrieden, ja sogar selbstgenügsam. Sind Sie jemals einem solchen Mann begegnet? Ich bin es. Die innere „Bezauberung" dieser Menschen bezaubert auch uns. Sie scheinen durch etwas sehr Reales geblendet zu sein, und es blendet uns schon, wenn wir nur um sie herum sind. Ich vermute, dass Jesus diese Wirkung auf Paulus hatte, Paulus hatte sie auf Timotheus und heute hat Timotheus diese Wirkung auf uns. Das ist wohl die wirkliche und letztendliche Bedeutung der apostolischen Nachfolge. Nicht so sehr das Händeauflegen, sondern das Weitergeben von Energie und Leben.

Es gibt ein paar wenige Zeilen in den Paulusbriefen, die nahe legen, dass Timotheus tatsächlich ein „bezauberter" Mann war. (Die Paulusbriefe sind alles, worauf wir zurückgreifen können, da wir keine Aufzeichnungen von Timotheus' eigenen Predigten oder Schriften haben. Selbst darin scheint er zurückhaltend gewesen zu sein, ohne den Wunsch, bekannt oder veröffentlicht zu werden.) Zunächst einmal gibt es keinen Bericht über eine Ehe oder Kinder; stattdessen scheint er ein überwältigendes Selbstverständnis der persönlichen Berufung zu besitzen. Paulus zufolge hat Timotheus das Verkünden des Evangeliums in treuem Dienst zu seiner Lebensaufgabe gemacht (2 Timotheus 4,5). Wörtlich sagt Paulus: „ ... *ergreife das ewige Leben, zu dem du berufen worden bist und für das du vor vielen Zeugen das gute Bekenntnis abgelegt hast*" (1 Timotheus 6,12). Dann fügt er hinzu: „*Ich danke Gott, dem ich wie schon meine Vorfahren mit reinem Gewissen diene – ich danke ihm bei Tag und Nacht in meinen Gebeten, in denen ich unablässig an dich denke. Wenn ich mich an deine Tränen erinnere, habe ich Sehnsucht, dich zu sehen, um mich wieder von Herzen freuen zu können; denn ich denke an deinen aufrichtigen Glauben ...*" (2 Timotheus

1,3-4). Schließlich beendet er seinen zweiten Brief damit, dass er Timotheus drei Mal bittet, er solle kommen und ihn besuchen! Es gibt in allen Paulusbriefen keine andere damit vergleichbare Beziehung.

Timotheus war offensichtlich eine Freude, ein Sohn und eine persönliche Stärke für den großen Paulus, der ansonsten niemanden zu brauchen schien. Ich weiß als Lehrer und als Prediger, was für ein tiefer Trost es ist, eine Person zu haben, die die eigene Botschaft ganz und authentisch in sich aufgenommen hat. Das ist die Realitätsprüfung, die man braucht, um sicher zu sein, dass die eigene, nicht greifbare Botschaft wenigstens ein kleines bisschen wirklich ist und dass man nicht verrückt ist. Timotheus war, wie ich glaube, Paulus' Lehrling und sein Alter Ego, zugleich ein „wahrer Sohn" für einen Mann, der keine eigenen Kinder hatte. Spirituelle Fortpflanzung kann sogar noch machtvoller sein als physische und Paulus erwähnt dies mehrfach sehr stolz (1 Thessalonicher 2,11-12; 1 Korinther 4,15; Philemon 10). Paulus hat klar einen sehr starken väterlichen Instinkt und wir können seine Umwandlung beobachten, von einem rein körperlichen Menschen zu einer Energie, die die Massen inspiriert.

Sein stark ausgeprägtes persönliches Interesse an Timotheus („nimm auch etwas Wein, mit Rücksicht auf deinen Magen") und auch das väterliche Gefühl für ihn („du weißt, von wem du es gelernt hast") war wie eine Straße in zwei Richtungen. Wie die Trinität selbst, die Paulus zu begreifen begann: Der Vater muss sich selbst ganz und gar einem anderen hingeben, um sein eigenes Leben als das eigene zu erfahren, und der Sohn muss von jemand anderem ganz und gar geschenkt werden, um zu wissen, dass das, was er für sein eigenes Leben hält, ganz und gar nicht das seine ist. Es ist das älteste Muster des Universums – eingeschrieben in die Physik, die Biologie, die Psychologie und in jede sexuelle Begegnung. Die Frage, wer das Geben und wer das Empfangen übernimmt, hat so gut wie keine Antwort. Alles, was wir wissen, ist, dass wir unser Leben nicht aus uns selbst heraus haben. Auch Paulus nicht. Und auch nicht Timotheus. Auch Jesus nicht. Sie alle empfingen ihr Leben als Geschenk und gaben es auf die gleiche

Weise zurück. Solche Männer sind wirklich und wahrhaftig „Söhne", immer bereit zu empfangen, immer in Ehrfurcht, immer dabei zu versuchen das Geheimnis zu erkennen, das endlos und grenzenlos ist.

Der Grund, warum Timotheus und Paulus die Zeiten überdauert haben, ist, dass sie offen waren für diesen Austausch mit Gott, zugleich voller Ehrfurcht und immer aufmerksame Beobachter und Zeugen dieser wunderbaren Erfahrung. Sie waren sich mit Sicherheit der Tatsache bewusst, dass sie Werkzeuge waren. Sie waren die Vermittler eines viel größeren Austausches, von dem sie nur in Gestotter und Gestammel reden konnten. Sie nannten es „das Evangelium verkünden", was damals ein völlig neuer Satz war, obwohl er heute durch allzu oberflächliche Wiederholung trivial erscheint. Timotheus hatte dieses geduldige und seltene Gemüt eines Anfängers und möglicherweise war dies sogar seine Schwäche oder sein Fehler, aber in einem bestimmten Sinn gab er es dem übermäßig selbstbewussten Paulus als Tugend zurück. Paulus lernte zu guter Letzt folgendes: „ ... *wenn ich schwach bin, dann bin ich stark*" (2 Korinther 12,10). Dieses immer wieder neu entdeckte Gemüt eines Anfängers, das eine todesähnliche Verletzlichkeit der Wirklichkeit gegenüber zeigt, ließ beide ohne Unterbrechung wachsen und hielt sie für immer jung. Sie hielten sich gegenseitig in der Nähe eines Musters, das sehr alt und unendlich fruchtbar war – das verletzliche Muster des Universums, das immer von neuem beginnt, wie es scheint.

Der Evangelist Johannes – Der Schmerz und die Armut des Auserwähltseins

"Petrus wandte sich um und sah, wie der Jünger, den Jesus liebte, (diesem) folgte. Es war der Jünger, der sich bei jenem Mahl an die Brust Jesu gelehnt und ihn gefragt hatte: Herr, wer ist es, der dich verraten wird? Als Petrus diesen Jünger sah, fragte er Jesus: Herr, was wird denn mit ihm? Jesus antwortete ihm: Wenn ich will, dass er bis zu meinem Kommen bleibt, was geht das dich an? Du aber folge mir nach! Da verbreitete sich unter den Brüdern die Meinung: Jener Jünger stirbt nicht. Doch Jesus hatte zu Petrus nicht gesagt: Er stirbt nicht, sondern: Wenn ich will, dass er bis zu meinem Kommen bleibt, was geht das dich an?"

(Johannes 21,20-23)

Oha! Da steht eine Menge zwischen den Zeilen, so wie es mit Sicherheit in allen vielschichtigen heiligen Texten der Fall ist. In diesen Zeilen ist eine sehr menschliche Dynamik zwischen Petrus und Johannes am Werk, und eine sehr menschliche Warnung für fast alle von uns, die wie diese beiden sind.

Ehrlich, ich rieche hier Neid, sogar bei dem Ersten unter den Aposteln, der in der vorhergehenden Episode gerade noch im Zentrum der Aufmerksamkeit gestanden hat. Männer geben ihre Großartigkeit nicht leicht auf. Jesus hat gerade Petrus davon erzählt, dass *"ein anderer dich gürten und dich führen (wird), wohin du nicht willst"* (Johannes 21,18), und wir sehen sofort, dass er das natürlich nicht erleben will. Er versucht schnell, den „Jünger, den Jesus liebte", zu kontrollieren und möglicherweise sogar mit ihm zu wetteifern. Die Evangelien haben keine Scheu davor, den Prototyp des Gläubigen, Petrus, als einen langsamen Lerner zu präsentieren. Es ist nahe liegend, dass dies uns allen anderen Hoffnung und Vertrauen vermitteln kann. Jesus weist Petrus deutlich in die Schranken, er soll sich um seine eigenen Angelegenheiten kümmern und seine Aufmerksamkeit auf seine eigene schwierige Aufgabe richten, die noch vor ihm liegt. Petrus ist jedoch durch die bevorzugte Position des Johannes scheinbar bedroht, obwohl er selbst von Jesus sehr viele Gunstbezeugungen erwiesen bekommen hat. Er ist ja so menschlich, Gott sei Dank, und lässt noch kaum Hinweise auf die spätere „Unfehlbarkeit" erkennen.

Gerade noch, im Moment zuvor, hatte Petrus die Aufmerksamkeit des Meisters und er drehte sich um, um den einen zu sehen, der physisch immer schneller ist (Johannes 20,4), vielleicht aber auch bei der spirituellen Einsicht und bei der Gunst Jesu. Er wird von diesen alten Dämonen des Vergleichens und des Wettbewerbs geplagt. Wie ein eifersüchtiger Schuljunge fragt er: „Du sagst mir, dass ich leiden werde! Was ist mit ihm? Muss er auch leiden? Oder muss er nur seinen Kopf auf deine Brust legen? Das hört sich für mich an, als ob du mir den Tod voraussagst, ihm aber ewiges Leben! Ich mag das nicht. Ehrlich gesagt, mag ich ihn nicht!" Wer von uns erkennt sich nicht selbst in dieser sich schnell entwickelnden Szene verletzter Gefühle, Projektionen und Urteile? Sie sagt viel mehr über Petrus aus als über Johannes, aber betrachten wir jetzt Johannes einmal genauer.

Johannes bezahlt bereits den Preis, sogar unter den anderen Erwählten, dafür, dass er „noch erwählter" ist! Ja, er ist der Archetyp des mystischen Liebenden, der eine, der alles zuerst und auch schneller erreicht (Johannes 20,5), aber er zahlt auch den Preis, den Mystiker oft entrichten müssen, ein Preis, den sogar die Kirche selbst verlangt – wenn wir Petrus als Archetyp der Kirche betrachten, was die katholische Tradition immer gelehrt hat. Um es anders auszudrücken, Institutionen fürchten und misstrauen dem Charisma immer. Es gibt eine Spannung zwischen Priestern und Mystikern, zwischen denen, die die Ordnung repräsentieren und denen, die die Hingabe verkörpern. Es ist eine notwendige, aber immer real erfahrbare Spannung im Leben aller spirituellen Gruppen. Oft wird diese Spannung nicht aufgelöst und führt zur Anklage oder sogar zur Spaltung. Mystiker müssen sehr sorgfältig mit ihrer Großartigkeit umgehen. Wahre religiöse Begegnung ist immer gefährlich für das Ego, gerade weil sie so großartig ist.

Die Schikanen, die Johannes erfahren musste, könnten gut und gern durch die Glaubensgemeinschaft selbst erfolgt sein, eher als durch irgendwelche außen stehenden Nichtgläubigen oder Autoritäten. Forschungen zu den Johannesbriefen scheinen tatsächlich herausgefunden zu haben, dass ebendies der Fall war.[3] Aber trifft diese Erfahrung nicht auch bei fast allen von uns zu? Es sind immer unsere eigenen Familien, Freunde und Hausgemeinschaften, die uns am meisten testen und auf die Probe stellen. Wie es Jesus prophezeit hatte: *„Die Hausgenossen eines Menschen werden seine Feinde sein"* (Matthäus 10,36). Oder wie es in den Psalmen steht: *„Denn nicht mein Feind beschimpft mich, das würde ich ertragen; nicht ein Mann, der mich hasst, tritt frech gegen mich auf, vor ihm könnte ich mich verbergen. Nein, du bist es, ein Mensch aus meiner Umgebung, mein Freund, mein Vertrauter, mit dem ich, in Freundschaft verbunden, zum Haus Gottes gepilgert bin inmitten der Menge"* (Psalm 55,13-15). Bürgerkriege sind die gewalttätigsten Kriege, wie ich gehört habe, weil diejenigen, die uns am nächsten stehen, die größte Bedrohung darstellen und Träger unserer gefürchtetsten Projektionen sind. Priester und Mystiker sind vermutlich jeweils ein notwendiger Spiegel füreinander. Die Priester neigen dazu, die Kurzstreckenläufe zu gewinnen, aber die Mystiker siegen immer beim Marathon.

Johannes ist nicht nur der Archetyp des Mystikers, des Liebenden und des erwählten Sohnes; er trägt zudem die Last und die Agonie der Erwähltheit. Das Auserwähltsein wird von den anderen selten geschätzt, selten als wahre Berührung Gottes anerkannt. Unsere persönliche Unsicherheit und Bedürftigkeit sind zu groß, als dass wir das Besondere irgendeines Anderen erkennen und uns daran erfreuen könnten. Die Anderen sind eine Bedrohung für unsere Nullsummen-Existenz. Dem Status des Bevorzugten misstrauen wir fast immer, beneiden ihn, verurteilen oder verfolgen ihn sogar. Das ist die Bürde der auserwählten Söhne und Töchter. Wenn wir die Biographien der Heiligen und Religionsgründer lesen, erkennen wir, dass die meisten ihrer Verfolger aus den Reihen ihrer eigenen Familien stammten und besonders oft auch aus den Reihen kirchlicher Autoritäten. Im Buch Jona werfen die guten und frommen Männer Jona über Bord (Jona 1,14-16), während sie den versuchten Mord mit Hilfe von Gebeten, Gesprächen über den Willen Gottes und heroischen Gelübden verbergen.

Wir sehen genau dasselbe Muster im Leben von Josef und seinen Brüdern: *„Als seine Brüder sahen, dass ihr Vater ihn mehr liebte als alle seine*

Brüder, hassten sie ihn und konnten mit ihm kein gutes Wort mehr reden" (Genesis 37,4). Schließlich warfen sie ihn in die mythische Zisterne, beschlossen ihn zu töten und einigten sich schließlich darauf, ihn in die Sklaverei zu verkaufen, um ihre eigene Ehre zu retten. Aber Gottes Erwählung kann nicht außer Kraft gesetzt werden. Wir wissen, dass Josef zurückkehrte, um genau diese Brüder zu retten, fast wie Nelson Mandela, der diejenigen, die ihn ins Gefängnis gebracht hatten, zu den Einweihungsfeierlichkeiten für das neue Südafrika einlud. Ich würde sogar sagen, dass der Status des Bevorzugten genau durch die Freiheit bewiesen ist, mit der der Bevorzugte den bevorzugten Status bei anderen erkennt und schätzt! Auserwählte Menschen zeigen ihr wahres Auserwähltsein dadurch, dass sie diese Erfahrung der Erwählung anderen zugute kommen lassen. Ich würde dies sogar als Beweis für wahres Auserwähltsein betrachten. Wenn bestimmte Konfessionen bzw. Gruppierungen „Erlösung" außerhalb ihrer eigenen Gruppe nicht für möglich halten, ist das ein sicheres Zeichen dafür, dass sie selbst nicht durch irgendeine Erlösung, die ihren Namen verdient, erlöst sind. Johannes verbringt den Rest seines Lebens damit, eine Gemeinschaft aufzubauen und ein Evangelium zu schreiben, mit der Botschaft: „Er ist bei dir. Er ist in dir!" (vgl. Johannes 14,17).

Jedes große Geheimnis zieht ein kleines nach sich, so scheint es. Wie eine überwältigende sexuelle Begegnung kann es nicht geteilt werden und daher nicht von anderen verstanden oder wertgeschätzt werden. Die Folge ist, dass es fast immer missverstanden wird, besonders von jenen, die ihr eigenes Geheimnis noch nicht entdeckt oder ihren eigenen „Privatbereich" noch nicht gefunden haben. Das Geheimnis göttlicher Intimität ist per definitionem unteilbar, unsagbar und sogar für denjenigen, der es erlebt hat, unerklärlich. Diese Erfahrung macht einen Menschen groß, aber sie macht ihn auch sehr einsam und oft zum Objekt grausamer Beschuldigungen, Vergleiche und spiritueller Konkurrenzkämpfe, wie wir es bei Petrus gesehen haben.

Ich kann mir die Worte Jesu vorstellen, die er zu jemandem wie Johannes als erstes gesagt hat und zu jedem, der jemals die Erfahrung des Auserwähltseins und der Hochstimmung göttlicher Erwählung gemacht hat: „*Du aber geh in deine Kammer* [lies: „Intimsphäre"], *wenn du betest, und schließ die Tür zu; dann bete zu deinem Vater, der im Verborgenen* [lies: „un(mit)teilbare Erfahrung"] *ist. Dein Vater, der auch das Verborgene sieht, wird es dir vergelten*" (Matthäus 6,6).

Mit anderen Worten, erwarten wir keine Belohnung von außen oder von anderen für eine mystische oder religiöse Erfahrung. Es wäre in der Tat sogar ziemlich gefährlich, wenn wir eine erhielten. Ich sage immer zu frommen Menschen, die zu mir kommen, dass sie für eine gute Erniedrigung pro Tag beten sollen, und dann füge ich hinzu, dass sie ihre Reaktionen auf diese Erniedrigungen genau beobachten sollen. Das ist der einzige Weg, wie wir die spirituelle Großartigkeit vermeiden und zugleich wissen können, dass wir Gott suchen und nicht nur uns selbst. Die Belohnung muss vollständig in uns und intim bleiben.

Wenn wir ein „bevorzugter Sohn" sind, macht uns das nicht gesellschaftstüchtig, sondern im Gegenteil zu einem Außenseiter in fast allen sozialen Kreisen – manchmal sogar für uns selbst, da wir unsere eigene Selbstsicherheit in Frage stellen und unsere besten Momente anzweifeln werden. Jedes Geheimnis macht uns arm und einsam und lässt uns allein in endlosen Räumen des Zweifels zurück, eines Zweifels, der aus einer un(mit)teilbaren Ekstase herrührt.

Elija – gerade gut genug, unsere Aufmerksamkeit zu erlangen

„Dort ging er in eine Höhle, um darin zu übernachten. Doch das Wort des Herrn erging an ihn: Was willst du hier, Elija? Er sagte: Mit leidenschaftlichem Eifer bin ich für den Herrn, den Gott der Heere eingetreten, weil die Israeliten deinen Bund verlassen, deine Altäre zerstört und deine Propheten mit dem Schwert getötet haben. Ich allein bin übrig geblieben, und nun trachten sie auch mir nach dem Leben. Der Herr antwortete: Komm heraus, und stell dich auf den Berg vor den Herrn! Da zog der Herr vorüber: Ein starker, heftiger Sturm, der die Berge zerriss und die Felsen zerbrach, ging dem Herrn voraus. Doch der Herr war nicht im Sturm. Nach dem Sturm kam ein Erdbeben. Doch der Herr war nicht im Erdbeben. Nach dem Beben kam ein Feuer. Doch der Herr war nicht im Feuer. Nach dem Feuer kam ein sanftes, leises Säuseln. Als Elija es hörte, hüllte er sein Gesicht in den Mantel, trat hinaus und stellte sich an den Eingang der Höhle. Dann vernahm er eine Stimme, die ihm zurief: Was willst du hier, Elija? Er antwortete: Mit Leidenschaft bin ich für den Herrn, den Gott der Heere eingetreten, weil die Israeliten deinen Bund verlassen, deine Altäre zerstört und deine Propheten mit dem Schwert getötet haben. Ich allein bin übrig geblieben, und nun trachten sie auch mir nach dem Leben."

(1 Könige 19,9-14)

Bei Elija habe ich gemischte Gefühle. Ich weiß, er ist vielleicht der erste der Wanderpropheten und Symbol für alle Propheten, die nach ihm kommen. Aber Gott sei Dank haben wir von ihm keine schriftlichen Aufzeichnungen. Ich fürchte, sie wären ein Mischmasch an selbstgerechten Erklärungen wie diese Worte, die nur seine eigene Gewaltanwendung legitimieren wollen: *„Mit leidenschaftlichem Eifer bin ich für den Herrn, den Gott der Heere, eingetreten, weil die Israeliten deinen Bund verlassen, deine Altäre zerstört und deine Propheten getötet haben. Ich allein bin übrig geblieben, und nun trachten sie auch mir nach dem Leben"* (1 Könige 19,10). Elija ist, wie ein großer Teil der biblischen Offenbarung, auf halbem Weg stecken geblieben und die halbe Wahrheit endet oft als Lüge. In einem Moment scheint er mit großen Schritten zu wahrer Gotteserkenntnis unterwegs zu sein und im nächsten fällt er in eine abgrundtief primitive Rachsucht zurück. Möglicherweise versteht und zitiert ihn jeder auf seiner eigenen Stufe menschlicher und spiritueller Entwicklung. Ich bin fest davon überzeugt, dass die Botschaft in dem „sanften, leisen Säuseln" die war, Elija zu einem subtileren Verständnis von Gott zu bringen, aber der scheint den Sturm, das Erdbeben und das Feuer dem vorzuziehen. Darin offenbart er die potentielle dunkle Seite eines jeden, der die Wahrheit sagt. Wie Elija ziehen auch wir das Absolute, das Drama und totale Klarheit allem „sanften, leisen Säuseln" vor.

Elija zeigt die Eigenschaften eines Fanatikers und besitzt dennoch auch einen gewissen Frieden, der aus der Erkenntnis der „Wahrheit" stammt. Ich sehe dasselbe bei vielen religiösen und hingebungsvollen Menschen. Dieser Friede ist funktionsfähig, zeitweise sogar ganz brauchbar, aber er hält letztendlich nicht lange vor. Er ist das, was die Heiligen „pax perniciosa" nannten, verderblicher oder falscher Friede – denn er braucht zu viel, um ein richtiger Friede zu sein, und er beruht nur auf unserem kleinen Ego. Er ist ein Friede der ersten Phase des Lebens, aber noch nicht Gottes Friede. Gottes Raben, die Elija mit Nahrung versorgen, sind für ihn ebenso zu einer Quelle der Arroganz und der Selbstgefälligkeit geworden. Wann immer Gott einzelnen Menschen seine persönliche Gunst gewährt, besteht dasselbe Risiko. Gott gewährt einem Menschen Selbstbewusstsein, was wunderbar ist, aber viel zu oft beherrscht es dann das Ego und das ist furchtbar. Elija gilt bis heute als begabter Mann und erfreute sich einiger beträchtlicher spiritueller Zuwendungen durch Gott. Wir werden ja sehen, was das aus ihm gemacht hat.

Ich werde Sie nicht mit all den blutrünstigen Details schockieren oder langweilen, aber es scheint so, dass jedes Mal, wenn der gute Elija etwas prophezeit, unweigerlich ein Blutbad die Folge ist (1 Könige 18,40; 18,15-18; 21,19-24; 2 Könige 1,9-16). Die Elija-Erzählungen eignen sich nicht als nette Kindergeschichten – und übrigens auch nicht als Geschichten für Erwachsene. Sie sprechen höchstens Menschen an, die ihre Kindheit zwar bereits hinter sich gelassen haben, aber noch nicht ganz erwachsen geworden sind, ein Zustand, der bei den meisten Menschen zu finden ist. Aber ich bestehe immer noch darauf – wie auch die Tradition – dass Elija einen Anteil an der Botschaft hat, somit wenigstens teilweise für Gott nützlich ist und daher immer noch als Prophet gelten muss. Gott scheint in dieser Bibelgeschichte sehr demütig, sehr geduldig und hochgradig ineffizient zu sein. Gott nimmt das, was immer er bekommen kann, so scheint es, sogar irdene Tonkrüge und „zerbrechliche Gefäße" (Das ist kein billiges Wortspiel, sondern bezieht sich auf die Metapher des Paulus in 2 Korinther 4,7). Der Grund, warum die Tradition immer wieder auf Elija zurückgreift, ist möglicherweise die tiefe Erkenntnis, dass er es das erste Mal nicht richtig gemacht hat!

Die Bruchstücke der Wahrheit, die Elija tatsächlich erkannt hat – allerdings auf eine arrogante Art, wie ich zugeben muss – sind folgende: Er erfreut sich an den Anfängen des strengen Monotheismus, der dazu benötigt wird, den psychologischen Polytheismus, der sich auf uns alle auswirkt, auszuräumen. Wir alle haben viele „Götter", darunter vor allem unser eigenes Ego und unsere Anhänglichkeit an unsere eigenen Meinungen und Gefühle. Der Preis für den Tod dieser vielen Götter ist üblicherweise ein größerer „chirurgischer Eingriff". Zudem ist Elija durch etwas, das ich „Mini-Mystizismus" nenne, charakterisierbar, was man oft bei Erneuerungsbewegungen beobachten kann, wie auch bei Menschen, die einen neuen Anfang gemacht haben, in der Anfangsphase. Deren Erfahrung ist erst der Anfang, aber sie halten sie bereits für das Ganze. Wir können diesen Mystizismus bei Elijas frühem Aufenthalt im Wadi Kerit (1 Könige 17,2-6) sehen und auch in der bekannten Stelle mit dem Sturm, dem Erdbeben, dem Feuer und dem Säuseln (1 Könige 19,9-14). Ich behaupte aber, dass er bei keinem dieser Erlebnisse die ganze Botschaft begriffen hat.

Die Tatsache, dass Elija nach der „Botschaft des sanften, leisen Säuselns" *„sein Gesicht in den Mantel hüllte"* und *„hinaustrat"* und *„sich an den Eingang der Höhle"* stellte (1 Könige 19,12-13), verrät mir so einiges. Für mich sind diese Reaktionen samt und sonders offensichtliche Zeichen für seinen Widerstand gegen die Botschaft, nicht für Ehrfurcht. Meiner Meinung nach war Elija schlicht und einfach enttäuscht, dass Gott eben nicht mit Sturm, Erdbeben und

Feuer arbeitete, denn das wäre seine bevorzugte Methode gewesen und er hätte dies auch gern von Gott bestätigt bekommen. Er blieb „mit verhülltem Gesicht" am „Eingang" einer viel tieferen Botschaft stehen. Er ist immer noch „außerhalb" des großen Mysteriums.

Die zweite Sache, die tief blicken lässt, ist, dass er sein egozentrisches Mantra: *„Mit Leidenschaft bin ich für den Herrn, den Gott der Heere, eingetreten"* (1 Könige 19,14) ein zweites Mal wiederholt. Gott hatte ihn zwei Mal gefragt: *„Was willst du hier, Elija?"* (1 Könige 19,9; 19,13). Elija beantwortet Gottes Frage beide Male nicht. Wie ein selbstvergessener Fanatiker rechtfertigt er nur sein eigenes Selbstbild im Stil eines Zwangsneurotikers, so, wie wir alle es tun. Dieser Mann hat sehr wenig Sinn fürs Zuhören oder fürs Lernen. Er ist ein junger „wahrer Gläubiger" nach seinem religiösen „Flitterwochen-Erlebnis". Natürlich wurde er für die frühe Jahwe-Religion zum Helden, weil er deren absolute Überlegenheit verkündete. Er war der benötigte „Grenzschützer" für eine Religion, die noch „grün hinter den Ohren" war, und er kehrte tatsächlich in der Person von Johannes dem Täufer zurück (Matthäus 11,14), der dieselbe schwarz-weiße Weltsicht eines enthusiastischen Neulings im Glauben besaß. Offensichtlich ist das ein guter und sogar notwendiger Weg, um überhaupt anzufangen. Ich weiß, dass es bei mir genauso war. Unsere Grenzen müssen zuerst geschützt werden, dann erst können wir sie öffnen. Wir brauchen zuerst ein Ego, bevor wir es aufgeben können. Die meisten reifen Gläubigen, die ich heute kenne, waren anfangs sehr konservativ und sogar fromm oder strikt gesetzestreu, aber sie sind es nicht geblieben.

Was letztendlich alles über Elija sagt, ist, dass der einzige Auftrag, den Jahwe Elija schließlich gibt, darin besteht, dass er seinen eigenen Nachfolger salben soll. Das erscheint fast so, wie wenn der Vatikan einem Bischof einen anderen Bischof als Koadjutor zur Seite stellt, während er noch am Leben und in Bestform ist. Beim zweiten Auftrag Jahwes soll Elija zwei Könige salben, Hasaël und Jehu – was er nicht macht. Diese Aufgabe wird schließlich von seinem Koadjutor-Bischof Elischa erledigt. Das hört sich an, als ob der arme Elija für Gott zu einem nur noch „nützlichen Idioten" geworden ist.

Kein Wunder muss Gott ihn am Ende in einem „*feurigen Wagen mit feurigen Pferden*" (2 Könige 2,11) von der Bildfläche verschwinden lassen. Das ist vermutlich die einzige Möglichkeit ihn loszuwerden und das auf eine Art und Weise, die Elija gewohnt war – nicht unähnlich dem griechischen Gott Phaeton, der dazu verurteilt war, mit seinem Wagen für alle Ewigkeit den Himmel zu befahren. Fundamentalisten aller Richtungen, von den Taliban über die Zionisten zu den Evangelikalen, lieben geradezu dramatische, bühnenreife und kriegsähnliche Vorstellungswelten.

Jesus sagt über Johannes den Täufer genau das, was ich über Elija sagen würde: „*Unter allen Menschen hat es keinen größeren gegeben als Johannes der Täufer* [oder Elija]; *doch der Kleinste im Himmelreich ist größer als er* [oder beide] (Matthäus 11,11). Bemerkenswert ist allerdings auch der folgende Vers, der schließlich mit der obigen Interpretation einen Sinn bekommt: „*Seit den Tagen Johannes' des Täufers wird dem Himmelreich Gewalt angetan; die Gewalttätigen reißen es an sich*" (Matthäus 11,12). Wenn man nach der Anfangserfahrung aufhört, ist es in der Tat schlimmer, als wenn man nie eine Erfahrung gemacht hätte! Zum einen produziert diese Erfahrung ein billiges Zelotentum, einen rigiden jungen Klerus und radikale Weltanschauungen, zum anderen zornige Theoretiker mit einer Ideologie, Idealisten mit nur einer einzigen Mission und säkulare Zweifler. Beide Seiten bewegen sich außerhalb von Liebe und Hingabe. Die dritte Möglichkeit ist hingegen schwierig: „*Aber das Tor, das zum Leben führt, ist eng, und der Weg dahin ist schmal, und nur wenige finden ihn*" (Matthäus 7,14). Ich glaube nicht, dass Elija bereit war für die dritte Möglichkeit. Er ging den einen Weg.

Propheten sind oft dafür da, dass sie unsere Aufmerksamkeit wecken, aber selten verdienen sie es, sie auch zu behalten. Sie sind der „Schlag auf den Hinterkopf", den die menschliche Natur braucht, um „in die Gänge zu kommen" und die Trägheit, die Unbewusstheit und die Selbsttäuschung zu überwinden. Danach sind sie nur noch dafür gut, uns immer wieder auf das Wesentliche zu stoßen und darauf zu achten, dass wir aufrichtig bleiben. Sie sind niemals Lehrer oder Führer für einen längeren Zeitraum. Diese Rolle ist für

„Seelsorger" wie Mose, „Priester" wie Paulus (Römer 15,16) und „gute Hirten" wie Jesus reserviert. Bei der Arbeit für die Seele erbauen die Propheten den Weg des Scheiterns, wohingegen Priester und Seelsorger den viel längeren Weg der Umkehr bereiten.

Ja, die Juden zur Zeit Jesu waren immer noch der Hoffnung, dass Elija zurückkehren würde, wie es als letzte Prophezeiung bei dem Propheten Maleachi angekündigt war. Wir scheinen Dramen zu wollen und zu brauchen und fühlen uns auf seltsame Weise von Gewalt angezogen, sogar bei Gott. Maleachi sagt in der Tat, dass Elija zurückkehren wird: *„Bevor aber der Tag des Herrn kommt, der große und furchtbare Tag, seht, da sende ich zu euch den Propheten Elija. Er wird das Herz der Väter wieder den Söhnen zuwenden und das Herz der Söhne ihren Vätern, damit ich nicht kommen und das Land dem Untergang weihen muss"* (Maleachi 3,23-24). Elijas Aufgabe ist immer die, den dramatischen Anfang und das dramatische Ende zu begleiten, aber eigentlich liegt die meiste Zeit des menschlichen Lebens zwischen diesen zwei Momenten. Das tatsächliche „Dazwischen" wird sich jedoch niemals öffnen; Grenzbereiche sind nicht erreichbar ohne einige nötige Stürme, Erdbeben und Feuer, um unsere selbstgefälligen Seelen und unsere hoch thronenden Egos aufzurütteln.

Wir werden immer „Elija-Momente" in unserem Leben brauchen. Wir wollen uns hier nicht ausruhen, weil es hier keine Ruhe gibt, nur sich immer im Kreis drehende Dramen, damit wir uns lebendig und wichtig fühlen können. Was Elija von den Raben hätte lernen können, ist, dass er bereits lebendig und wichtig war, auf der einzigen Bühne, die wichtig ist.

Josef – ein Mann mit Träumen

„Einst hatte Josef einen Traum. Als er ihn seinen Brüdern erzählte, hassten sie ihn noch mehr." ... „Sie sagten zueinander: Dort kommt ja dieser Träumer. Jetzt aber auf, erschlagen wir ihn, und werfen wir ihn in eine der Zisternen. Sagen wir, ein wildes Tier habe ihn gefressen. Dann werden wir ja sehen, was aus seinen Träumen wird."

(Genesis 37,5.19-20)

„Während er noch darüber nachdachte, erschien ihm ein Engel des Herrn im Traum und sagte: Josef, Sohn Davids, fürchte dich nicht, Maria als deine Frau zu dir zu nehmen; denn das Kind, das sie erwartet, ist vom Heiligen Geist. Sie wird einen Sohn gebären; ihm sollst du den Namen Jesus geben; denn er wird sein Volk von seinen Sünden erlösen." (Matthäus 1,20-21)

Es überrascht oder verwirrt Sie vielleicht, dass ich sowohl einen Text über den alttestamentlichen Josef wie auch über den neutestamentlichen in die Betrachtung aufnehme. Ich will versuchen, einige passende Verbindungen zwischen den beiden aufzuzeigen, von denen ich denke, dass die Heilige Schrift dies längst vorausgesetzt hat. Wir werden sehen, dass beide Josefs „Männer mit Träumen" sind. Vielleicht werden wir auch sehen können, was aus ihren Träumen geworden ist.

Der Josef aus der Genesis, der Lieblingssohn des Jakob, zog wegen dieses bevorzugten Status zum ersten Mal den Neid seiner Brüder auf sich. Nachdem er sich von der üblen Behandlung durch seine Brüder erholt hatte, wurde er schließlich für den Pharao von Ägypten zum Traumdeuter. Recht bald danach wurde er zum „Kanzler" des Pharao, dessen Stellvertreter in der Königswürde und mit der Aufgabe betraut, das Volk in den Zeiten der Hungersnot mit Getreide zu versorgen. Seine Stellenbeschreibung ist ziemlich knapp und umfasst dennoch alles: *„Geht zu Josef! Tut, was er euch sagt"* (Genesis 41,55). Das ist sicherlich sehr viel mehr, als ein armer jüdischer Junge sich es je hätte erträumen können. Es zeigt, wie hoch Träume und Traumdeutung in diesen Zeiten eingeschätzt wurden. Das war lange vor der Epoche der Aufklärung im Westen, in der wir uns ausgesprochen stark der linken Hälfte unseres Säugetiergehirns zuwandten, die inzwischen viel dunkler geworden ist als Josefs Zisterne es je war.

Ich behaupte jetzt einfach, dass Josef, der Ehemann Marias, der im Evangelium des Matthäus nur kurz erscheint, in einigen wesentlichen Punkten Übereinstimmungen mit dem Josef der Genesis aufweist und dass alle Juden darüber Bescheid wussten. Ich habe mehrere Gründe dafür, dies zu behaupten, aber es gibt keinen Beweis. Religiöse Geschichten können und müssen immer auf verschiedenen Ebenen gelesen werden, damit ihre ganze verändernde Kraft ans Licht gebracht werden kann. Genau das wollen wir nun versuchen.

Unser erster Josef ist der Lieblingssohn von Jakob, dem Vater der zwölf Stämme Israels. Bei Jakobs letztem Segen seiner zwölf Söhne nennt er Josef den *„Geweihten der Brüder"* (Genesis 49,26). Die Botschaft der ganzen Josefsgeschichte (Genesis 37-50) ist möglicherweise am Ende am besten zusammengefasst. Als seine Brüder ihn in Ägypten wieder finden und von ihm aus der Hungersnot errettet werden, bieten sie sich ihm als Sklaven an. Aber Josef sagt etwas, wovon ich glaube, dass es der spätere Josef dem bemitleidenswerten König Herodes gesagt haben könnte: *„Ihr habt Böses gegen mich im Sinn gehabt, Gott aber hatte dabei Gutes im Sinn, um zu erreichen, was heute geschieht: viel Volk am Leben zu erhalten"* (Genesis 50,20-21).

Die Hauptsache, die wir über den zweiten Josef erfahren, ist nicht nur, dass er vier wichtige Träume hatte und auch den Mut, sie zu deuten und ihrer Botschaft zu folgen (Matthäus 1,20; 2,13. 19.22), sondern auch, dass Josef klar als neuer Lieblingssohn erwählt wurde, um zum „Großvater" eines neuen Israel zu werden, das wir Christentum nennen – eine Rolle, die er meiner Meinung nach tatsächlich gespielt hat. Und gerade so, wie der erste Josef eine ausgesprochen großzügige und barmherzige Haltung gegenüber seinen Brüdern eingenommen hatte, hatte der zweite Josef dieselbe Großherzigkeit gegenüber Maria – sogar bevor ihm der Traum mitteilte, dass sie durch den Heiligen Geist ein Kind empfangen hatte. Woran wir uns normalerweise nicht erinnern, ist, dass Josef tatsächlich das Gesetz brach, weil er *„sie nicht bloßstellen* *wollte*" und deshalb beschloss, "*sich in aller Stille von ihr zu trennen*" (Matthäus 1,19-20). Er beschützt sie nicht nur; er geht, was ihn selbst betrifft, sogar ein Risiko ein! Das ist, wenn man die damaligen Zeiten mit ihren jeweiligen Erwartungen in Betracht zieht, wirklich mutig und zeugt von großer Liebe.

In Deuteronomium steht dazu eine klare Maßgabe: Wenn ein verlobtes Mädchen vor der Hochzeit ihre Jungfräulichkeit verlor, "*soll man das Mädchen hinausführen und vor die Tür ihres Vaterhauses bringen. Dann sollen die Männer ihrer Stadt sie steinigen, und sie soll sterben; denn sie hat eine Schandtat in Israel begangen, indem sie in ihrem Vaterhaus Unzucht trieb. Du sollst das Böse aus deiner Mitte wegschaffen*" (Deuteronomium 22,20-21). Aus bestimmten Gründen wurde das in den typischen, unseren Märchen ähnelnden Berichten über den heiligen Josef niemals deutlich gesagt. Entweder wollten wir die jüdische Strafgesetzgebung nicht offen darlegen, oder wir wollten Josef nicht als einen zeigen, der das Gesetz bricht, was dann aber unsere eigene Gesetzesgläubigkeit enthüllen würde. Mit Gesetzesgläubigkeit meine ich die Einstellung, die das Gesetz als Selbstzweck betrachtet und nicht so, wie Jesus die Gesetze anwandte (vgl. Matthäus 12,1-8). Wo, glauben Sie, hat Jesus seine Haltung gegenüber den Gesetzen zuerst erlernt? Bei Josef! Im Judaismus des ersten Jahrhunderts nach Christus war immer der Vater der erste, der den Kindern das Gesetz beibrachte. Diese Praxis unterscheidet sich sehr von der im heutigen westlichen Christentum. Hier ist es meist die Mutter, die den Kindern die Dinge beibringt, die mit Religion zu tun haben.

Josef hört und vertraut weiterhin auf Träume und das bringt ihn dazu, dass er eine lange Reise nach Ägypten antritt, um seine Frau und sein Kind zu schützen. Dort hat er wiederum einen Traum, den er befolgt und somit nach Israel zurückkehrt. Schließlich sagt ihm ein letzter, oft übersehener Traum, dass er nicht nach Betlehem in Judäa zurückkehren solle, da dort Archelaus, der Sohn des Herodes, nun König ist, sondern dass er nach Galiläa ziehen solle. Sie lassen sich also in Nazaret nieder und danach hören wir bei Matthäus nichts mehr von Josef. Der Zimmermann will seine Frau und seinen Sohn beschützen und für sie sorgen, wie er es bereits auf dramatische Weise gezeigt hat, aber vielleicht war es an dieser Stelle soweit, dass er sie dem Erbarmen der Verwandtschaft und der Freunde überlassen musste. Eine Witwe hatte keinen anderen Rückhalt und nirgendwo wird eine zweite Heirat Marias erwähnt.

Ich bin der Meinung, dass der Höhepunkt der Geschichte des ersten Josef ebenso als Höhepunkt der Geschichte des zweiten passen könnte. Drohendes Unheil wurde bei beiden aufgrund von Träumen und der Treue des jeweiligen Mannes in Gutes verwandelt. Nichts darf Gottes Pläne vereiteln. Gott dagegen vereitelt unsere kleinen Pläne, sogar die von mächtigen Königen, wenn er mindestens über ein nützliches Instrument verfügen kann, über einen „*Geweihten der Brüder*" (Genesis 49,26), einen „*Mann, der gerecht war*" (Matthäus 1,19), wie Josef der Zimmermann. In beiden Josefs sind unsere besten Träume für ein reifes Mannsein erfasst und enthalten.

Was wurde nun aus den Träumen von Josef, dem Zimmermann? Wie bei Moses hören wir, dass es ihm nicht erlaubt war, seinen Weg bis zu dem Ende, das zu einer ganzen Reise dazugehört, zu gehen. Er starb möglicherweise als sehr junger Mann. Das normale Alter für eine Heirat war für einen Mann ungefähr achtzehn Jahre und vierzehn Jahre für ein Mädchen. (Können Sie sich einen heutigen Neunzehnjährigen vorstellen, der dieselbe Hingabe und Reife zeigt, wie wir sie bei Josef sehen können?) Er durfte nicht so lange leben, um seinen Sohn als Erwachsenen sehen zu können und mit einer dieser Tatsache angemessenen Symbolik wurde er von den Katholiken immer als Patron eines „glücklichen Todes" angefleht. Wie konnte es ein anderer als ein „glücklicher Tod" sein? Er wusste, dass er auf die Träume, die Gott ihm geschickt hatte, immer gehört hatte. Er ließ es zu, dass seine Träume ihn ins weit entfernte Ägypten führten, gerade wie den ersten Josef, und er ließ es zu, dass sie ihn in eine neue Heimatstadt führten, wo er mit Sicherheit zum dritten Mal ganz von vorne beginnen musste. Er hatte niemals Freude an der weltlichen Macht oder dem Ruhm eines „Kanzlers" von Ägypten wie sein Namensbruder. Im Gegenteil, er verschwindet ziemlich still und leise in den Tiefen der Geschichte. Er rettete seine Brüder, genau wie der erste Josef, aber dies geschah erst nach seinem Tod, wie wir bald sehen werden.

Was über den einen gesagt wurde, kann für den anderen ebenso gesagt werden – nur eben mit anderen Worten: Gottes Pläne haben alles zum Guten gewendet, so dass Josef, der Sohn des Jakob, die Errettung sehr vieler Menschen herbeiführen konnte (Genesis 50,20). Ich habe oft die Statuen und die Bilder in allen möglichen Kirchen auf der Welt betrachtet, und es gibt zwei immer wiederkehrende Bilder: die Mutter mit dem Kind bzw. die Madonna und, auf der anderen Seite, der Vater mit dem Kind – Josef. C.G. Jung sagt, dass wir Menschen dazu neigen, die Bilder zu erschaffen und immer wieder nachzubilden, die wir für unsere eigene Veränderung brauchen, und dass wir uns nur in der Gegenwart von Bildern verändern und nicht allein durch gedankliche Vorstellungen. Wenn das wahr ist – und ich glaube, dass das wahr sein könnte –, hat das Bild dieses demütigen Mannes Josef, der ein kleines Kind sicher und ganz nah an seinem Herzen trägt, im Lauf der Jahrhunderte unzählige Tausende von Menschen geheilt.

Nachdem ich in vielen Ländern und Kulturen Kurse geleitet und Vorträge gehalten habe, bin ich der Überzeugung, dass das, was ich „die Wunde des Vaters" nenne, möglicherweise die häufigste Wunde auf dieser Welt ist. Väter, die in Kriege ziehen, Väter, die ihre Familien verlassen, Väter, die nicht Teil der Ein-Eltern-Kind-Familie sind, Väter, die in anspruchsvollen Berufen arbeiten, Väter, die emotional nicht verfügbar sind, Väter, die Alkoholiker sind, Väter, die selbst tief verletzt sind und Väter, die ihre Kinder missbrauchen, haben für den männlichen Teil der Spezies Mensch das Weitergeben seiner Seele und die Hingabe an seine Kinder zur Ausnahme gemacht. Wir haben zu großen Teilen eine vaterlose Welt. Wir haben einen Josef gebraucht, einen Mann, dem wir vertrauen konnten, dass er uns gut festhalten würde – um ihn anzuschauen und heil zu werden. „*Gott aber hatte dabei Gutes im Sinn, um zu erreichen, was heute geschieht: viel Volk am Leben zu erhalten*" (Genesis 50,20) und das geschah durch die Treue und das Bild eines einzigen Mannes. Als Josef seine Brüder, die zu den zwölf Stämmen Israels wurden, empfing, „*tröstete er sie und redete ihnen freundlich zu*" (Genesis 50, 21).

Das wurde aus den Träumen der beiden Josefs.

Jesus – der Menschensohn

„*Da sagte Natanaël zu ihm: Aus Nazaret? Kann von dort etwas Gutes kommen? Philippus antwortete: Komm und sieh!*" (Johannes 1,46)
[Und Jesus schien darauf etwas sehr Persönliches zu Natanaël zu sagen.] „*Natanaël antwortete ihm: Rabbi, du bist der Sohn Gottes, du bist der König von Israel!*" (Johannes 1,49)
Und Jesus „*sprach zu ihm: Amen, Amen, ich sage euch: Ihr werdet den Himmel geöffnet und die Engel Gottes auf- und niedersteigen sehen über dem Menschensohn.*" (Johannes 1,51)

Ich mag diese Stelle im Johannesevangelium, weil Jesus auf Natanaëls überfließende Lobpreisung schnell mit einem Wort reagiert, das er als Bezeichnung für sich selbst vorzieht: „Menschensohn". Dieses Wort ist die bei weitem häufigste Bezeichnung, die Jesus für sich selbst verwendet: ein Kind seiner Stadt, einer von uns, ein Jedermann, ein Menschensohn (das hebräische *ben adam* wird neunundsiebzig Mal verwendet!), der Stellvertreter der Menschheit, der eingeborene und siegreiche Mensch, die neue Menschlichkeit – uns als Vorbild geschenkt und derjenige, der Himmel und Erde versöhnt. Jesus bietet sich uns an als Archetyp des Menschen, wohingegen wir uns wie Natanaël darauf konzentrieren, ihn noch höher in den Himmel zu loben als das nizänische Glaubensbekenntnis: „wahrer Gott vom wahren Gott". Warum akzeptieren wir seine Führung nicht einfach? Möglicherweise wird für uns ebenso, wie es Jesus in seiner intuitiven Gegenbewegung zu Natanaëls Lobpreis sagte, der „*Himmel geöffnet*" und wir können „*die Engel Gottes auf- und niedersteigen sehen über dem Menschensohn*" (Johannes 1,51).

Direkt nach Jesu Himmelfahrt sagten zwei Männer in weißen Gewändern zu den ersten Jüngern, fast wie eine unmittelbare Hilfestellung zur Umkehr der Blickrichtung: „*Was steht ihr da und schaut zum Himmel empor?*" (Apostelgeschichte 1,11). Trotz alledem haben wir seither nicht damit aufgehört, in den Himmel zu schauen. Deswegen haben wir die Hauptsache, die Triebkraft Gottes in Christus, größtenteils nicht begriffen. Wir mögen die „Fleischwerdung" Jesu nicht und trauen dieser Sache auch nicht. Das geht zu sehr an unsere Intimsphäre und wir müssen uns selbst, unsere Körper und diese Erde ernster nehmen als wir es in Wirklichkeit wollen. Wir würden lieber einfach nur fromm, spirituell und „nette" Christen sein. Die westliche Zivilisation kommt zum Schluss so weit wie die russischen Astronauten im Weltraum: „Gott ist nicht hier oben", sagten sie, mit Zynismus und offensichtlicher Enttäuschung. Gott wird für uns niemals dort oben sein, wenn Gott nicht zuerst hier unten ist. „Wie unten, so auch oben" oder „hier wie dort" ist die Entdeckung jedes Mystikers und Sehers. Jesus benannte dasselbe Mysterium in dem Gebet, das er uns gab: *„wie im Himmel, so auf der Erde"* (Matthäus 6,10). Erst dann ist es ein zusammenhängendes Universum. Und erst dann beginnen wir dazuzugehören.

Eine Möglichkeit, wie wir heute Häresien ignorieren können, ist die, sie woandershin oder in die Theorie zu verbannen, eine merkwürdige Verdrehung des alten Sündenbock-Mechanismus. In den frühen Jahrhunderten verurteilte die Kirche die Häresie des Monophysitismus, die behauptete, dass Christus nur eine – göttliche – Natur habe. Die Kirche bestand zu Recht darauf, dass Jesus zwei Naturen hatte, eine menschliche und eine göttliche, die in einer Person vereint waren – eine Position, die viel schwieriger zu behaupten oder zu beweisen ist. Aber so, wie sie mit Jesus zumeist umging, benahm sich die Kirche immer „wie Monophysiten"! Wir nehmen Jesu menschliche Natur überhaupt nicht ernst und wir glauben erst recht nicht, dass es wirklich zwei Naturen vereint in einer Person geben könnte!

Der Beweis dafür ist die eklatante Tatsache, dass die meisten von uns Christen bisher nicht in der Lage waren, das klar zu erkennen. Wir sind selbst die Söhne der Erde und die Töchter des Himmels! Auf uns steigen die Engel Gottes ebenfalls hinab und wieder hinauf, wie sie es bei Jesus gemacht haben. Wenn wir das also nach Jahrhunderten des Nachdenkens über Jesus, die lebende Ikone dieses Mysteriums, immer noch nicht begriffen haben, gibt es wenig Hoffnung, dass wir zukünftig in der Lage sein werden, dieses Mysterium in uns selbst zu sehen oder es bei anderen anzuerkennen. Der Mystiker Johannes vom Kreuz (1542-1591) drückte diese Erkenntnis folgendermaßen aus: „Das ist die große Freude des Erwachens: das Geschöpf durch Gott zu kennen und nicht Gott durch das Geschöpf [obwohl das auch möglich ist]; die Folge durch die Ursache zu kennen und nicht die Ursache durch die Folge. Zu wissen, dass das Geschöpf sekundär ist. Zu wissen, dass die Ursache wesentlich ist." (Lebendige Liebesflamme 4,5). So wird Jesus „*der Erstgeborene der ganzen Schöpfung*" (Kolosser 1,15) genannt, der uns „*stets im Siegeszug Christi mitführt*" (2 Korinther 2,14). Wir alle sind Teil einer großen Parade, über die wir wenig wissen, wie es scheint. Die wesentliche Botschaft wurde nicht sehr gut vermittelt. Wir ziehen es vor, sowohl Jesu Fleischwerdung als auch unsere eigene anzuzweifeln. Das ist, offen gesagt, einfach zu viel für uns.

Für eine monotheistische Religion war das Versetzen eines „Menschensohnes" in den transzendenten Raum, der ansonsten für das Göttliche reserviert ist, eine dramatische, wenn nicht blasphemische Nebeneinanderstellung (in Daniel 7,13 zum ersten Mal angedeutet). Es ist genau diese Nebeneinanderstellung, die Jesus bestätigt und mit der er sich persönlich identifiziert, indem er sich durchgehend den „Menschensohn" nannte und es nie abstritt, Gottes Sohn zu sein. Er hält die undenkbare Spannung aufrecht, die wir ablehnen. In seinem Sprechen und Lehren sagt uns Jesus niemals, dass wir ihn anbeten sollen, aber er hat uns viele Male dazu aufgerufen, ihm „nachzufolgen" und „Gott anzubeten" (z.B. Matthäus 4,10). Wir können Jesus nur nachahmen oder ihm nachfolgen, wenn wir vor allem anderen wie er sind und nicht anders als er. Wir verehrten ihn ein bisschen zu leichtfertig und verloren dabei den größten Teil seiner Macht, für uns die vollständige Würde unseres Menschseins wiederzuerlangen. Das ist ein großer Verlust. Eigentlich sogar der ultimative Verlust.

Wir sind nicht Menschen, die versuchen, spirituell zu werden. Diese Aufgabe wurde für uns schon bei unserer Schöpfung als „*Abbild Gottes*" (Genesis 1,26) erledigt. Wir sind bereits spirituelle Wesen. Das ist Gottes Geschenk an uns. Unsere dringende und notwendige Aufgabe, bei der wir nach all diesen Jahrhunderten immer noch keinen großen Erfolg vorweisen können, ist, menschlich zu werden! Jesus stellt die Religion buchstäblich auf den Kopf. Er bewegt sich immer abwärts, steigt in das zutiefst Menschliche hinab und identifiziert sich aus freien Stücken mit unserer tragischen und begrenzten Situation. Wir verpassen ihn ganz und gar, wenn wir immer die Treppe, die nach unten führt, hinauf rennen. Unsere Aufgabe ist es, ihm zu folgen und ihn nachzuahmen, nicht, ihm Weihrauch, Titel und Schreine darzubringen, alles Dinge, um die er niemals gebeten hat. Nochmals, alles, was wir tun müssen, ist, ihm nachzufolgen! Der größte Teil der Welt ist der „spirituellen Menschen" so überdrüssig. Wir wären glücklich, wenn wir nur einige wirkliche Menschen träfen. Sie begeistern unser Herz, so wie er es tat.

Die Anspielung, die von Jesus im Johannesevangelium am Anfang des Kapitels verwendet wurde, ist die schöne Geschichte von Jakob/Israel, der einen Traum hat: *„Er sah eine Treppe, die auf der Erde stand und bis zum Himmel reichte. Auf ihr stiegen Engel Gottes auf und nieder"* (Genesis 28,12). Er erwacht und sagt verzückt: *„Wirklich, der Herr ist an diesem Ort, und ich wusste es nicht. Furcht überkam ihn, und er sagte: Wie Ehrfurcht gebietend ist doch dieser Ort! Hier ist nichts anderes als das Haus Gottes und das Tor des Himmels"* (Genesis 28,16-17). Und Jakob stellte ein Steinmal auf, um den eigentlich nicht besonderen Platz, wo für ihn Himmel und Erde sich begegneten, zu markieren, und er nannte diesen Ort Bet-El, Gotteshaus. Jakob ging nicht zu einem offiziellen Heiligtum. Er hat seinen eigenen besonderen und ursprünglichen Schrein gefunden, an einem Ort, von dem er das zuvor nicht gewusst hat. Erinnern wir uns, für einen Juden war der Gedanke, dass Gott an einem anderen Ort sein könnte als im Versammlungszelt oder im Tempel von Jerusalem, fast eine Abscheulichkeit. Normalerweise schimpften die Propheten über diese „Steinmale" und stürzten sie um, da sie als heidnisch galten. Aber Jahwe machte seine Gegenwart üblicherweise an neuen und überraschenden Orten erfahrbar, so scheint es, besonders an nicht religiösen Plätzen wie in Büschen, im Sturm oder in Menschen. Wie Jakob sagen wir immer wieder: *„Und ich wusste es nicht!"*

Ich bin der festen Überzeugung, dass Jesus ganz und gar nicht die Absicht hatte, eine „Religion" zu gründen, und noch viel weniger eine imperialistische Religion, die im Wettstreit mit einer anderen liegt. **Jesus ist eine universale Botschaft der Verletzlichkeit, die alle Religionen brauchen, um Gott auf authentische Weise zu be-**

gegnen, um ihre eigene Menschlichkeit zu bewahren und um sich selbst davon abzuhalten, sich gegenseitig zu zerstören. Jesus kam, um eine verwirrende Aussage über uns zu machen, und wir haben diese Botschaft zu vermeiden gesucht, indem wir tiefsinnige Aussagen über ihn machten – Aussagen, mit denen wir niemals alle übereinstimmen und übereinstimmen werden, sondern über die wir immer nur diskutieren werden. Um dem Ganzen die Spitze aufzusetzen, wir Christen können uns nicht einmal einen gemeinsamen Tisch in Liebe teilen, bevor wir in gewissen doktrinären Lehrmeinungen übereinstimmen. Das ist eine böse Falle. So kommt die Menschheit nicht weiter und so wird die christliche Botschaft alles andere als bewundernswert, gemeinsamer Boden oder zur „Frucht des Heiligen Geistes". Vielleicht hat Simone Weil das am besten auf den Punkt gebracht: „Die Tragödie der Christenheit ist, dass sie sich von Anfang an als Ersatz für andere Religionen betrachtet hat statt als eine, die zu den anderen etwas Neues hinzufügt."

Gott kommt zu uns, verkleidet als unser Leben, das der letzte Ort zu sein scheint, an dem wir ihn haben wollen. Es ist alles viel zu banal, weltlich, fleischlich und zu wenig spirituell. Es geht nur um „mich" und „dich" und nur um den Alltag. Das Leben ist aber das ideale Versteck und der perfekte Ort für die Offenbarung Gottes. *„Kann von dort etwas Gutes kommen?"*, fragt Natanaël. Die Antwort ist: *„Komm und sieh!"* (Johannes 1,46). In dem Moment, als er sich auf die Alltäglichkeit, das Normale, auf „unser Städtchen" einlässt, entdeckt Natanaël, dass seine Seele sich öffnet, in einem Moment von so tiefer Intimität, dass sogar wir nicht darin eingeweiht werden. Es ist einfach nur eine menschliche Enthüllung und eine menschliche Begegnung *„unter dem Feigenbaum"* (Johannes 1,48), die Natanaël dazu bringt, sich bekehren zu lassen. Keinerlei Erwähnung eines Heiligtums, einer rituellen Handlung oder eines wie auch immer gearteten heiligen Etwas. Bis zu dem Moment, in dem das ganze Leben zum Sakrament wird, sind die kirchlichen Zeichen normalerweise nicht sehr eindrücklich. Bis dahin fehlt die Bereitschaft, diese Zeichen wirklich zu empfangen. Ich verstehe, warum Dietrich Bonhoeffer einen so schockierenden Begriff verwendete, um unsere Religion in der Zukunft zu beschreiben: „das religionslose Christentum".

Das spirituelle Genie Jesu und sein spiritueller Wagemut bestehen darin, dass er Gott überall findet. Er ebnet das Spielfeld absolut ein. **Er findet Gott dort, wo das Leid ist!** Was überall der Fall ist, auf beiden Seiten eines jeden Krieges, in jeder Gruppierung und in jeder Religion. Gott ist nichts, was irgendeine Gruppierung als ihr persönliches Eigentum erklären könnte, sei es die syro-phönizische Frau, der römische Zenturio, der aussätzige Samariter, die Frau, die beim Ehebruch ertappt wurde, Betrunkene und Zöllner. Es gibt einfach keinen spirituellen Treuetest für diejenigen, die Jesus dienen. Keine einzige von Jesu Wunderheilungen oder Dämonenaustreibungen hängt vom Verdienst ab – es gibt dabei immer nur die nackte Menschlichkeit als Antwort auf nackte Menschlichkeit. Das ist eine Religion, die die Welt vereinen und in der Tat „retten" kann. Jesus macht es so einfach und so klar, aber wir sind immer noch empört durch diese scheinbare Reduktion und übermäßige Vereinfachung der Religion. Wir lieben Treue- und Verdienstsysteme. Wir wollen Religion und immer noch mehr Religion, so scheint es. Jesus aber will wahres Leben für wahre Menschen und er weiß, dass alle Formen wahren Lebens immer ein und dasselbe sind – weil er durch das Dunkel und die „Verkleidung" des Todes gegangen ist: *„Er ist von den Toten auferstanden. Er geht euch voraus nach Galiläa, dort werdet ihr ihn sehen. Ich habe es euch gesagt"* (Matthäus 28,7).

Deswegen kann ich Jesus nicht aufgeben, ich bin auch nicht in Versuchung, dies zu tun. Er hält alles für mich zusammen: Himmel und Erde, Menschliches und Göttliches, den männlichen Körper und die weibliche Seele, Macht und Machtlosigkeit, all das, was sich zwischen einem guten und einem schlechten Dieb befindet, die beide Teile von mir sind. Jesus ist, besonders in der Darstellung am Kreuz, ein Zusammenprall notwendiger Gegensätze. Er ist der große Brückenbauer und diese große Brücke muss für die meisten Menschen, die ich kenne, und für die meisten Kulturen, die ich besucht habe, noch gebaut werden.

1 Ken Wilber, One Taste, Boston 2000, Artikel vom 11. Februar.
2 Robert Moore und Douglas Gillette, King, Warrior, Magician, Lover: Rediscovering the Archetypes of the Mature Masculine, San Francisco 1991.
3 Vgl. Raymond E. Brown, The Community of the Beloved Disciple, New York 1979.

Auf Gottes Spuren

Meinrad Limbeck
Zürnt Gott wirklich?
Fragen an Paulus
ISBN 3-460-**33164**-X

Zürnt Gott? Ja, gewiss!, antwortet Paulus im Blick auf den gekreuzigten Jesus. Doch weshalb zeichnete Jesus selbst ein so ganz anderes Bild von Gott: Gott als barmherziger Vater, Gott als Gutsbesitzer, der dem letzten seiner Arbeiter nicht weniger gibt als dem ersten? Meinrad Limbeck versucht Antworten zu finden.

Meinrad Limbeck
Christus Jesus
Der Weg seines Lebens. Ein Modell
ISBN 3-460-**33166**-6

Die Menschen waren in Scharen zu Jesus geströmt. Doch was fanden sie bei ihm? Meinrad Limbeck räumt weit verbreitete Jesus-Klischees überzeugend beiseite und macht in den Evangelien die Quellen sichtbar, aus denen Jesu seine Kraft und seine Lebendigkeit empfing. In der Spur Jesu kann das Leben auch heute gelingen.

Meinrad Limbeck
Wie Glauben heute möglich ist
Eine Hinführung
ISBN 3-460-**33171**-2

Existiert Gott tatsächlich? Ist er uns nahe? Eine engagierte Auseinandersetzung des bekannten Neutestamentlers mit der Möglichkeit des Glaubens in einer rationalisierten Welt.

Je Band:
Format 13 x 20 cm; 100 bis 128 Seiten; kartoniert

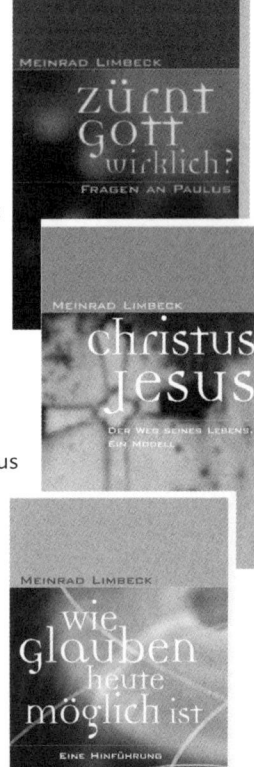

Verlag Katholisches Bibelwerk
Silberburgstraße 121 · 70176 Stuttgart
Tel. 07 11 / 6 19 20-37 · Fax -30
versandbuchhandlung@bibelwerk.de
www.bibelwerk.de